今、ここに生きる歓び

譲《ゆずり》 西賢《さいけん》 著

法藏館

今、ここに生きる歓び　目次

今、ここに生きる歓び

一、人間の心の危うさを知る

人間の知覚の危なさ

私は、岐阜県で真宗大谷派の寺の住職をしています。また、大学で心理学を学ばせていただいていまして、住職のかたわら、大学で学生に講義をしたり心理学に関わる仕事をしています。

心理学は、臨床心理学とカウンセリングを勉強させていただいています。悩んでおられる方に、カウンセリングで支援することが私の専門です。その方々はカウンセリングの支援を受けて、少しずつ元気になっていかれます。長年カウンセリングを積み重ねてきまして、相談に来られる方（クライエント）が元気になっていかれる歩みと、私たち真宗門徒が、親鸞聖人の「み教え」を聞いて「私が人間に生まれ、人間を生きている意義は、ここにあった」と、信心を得て歓喜する歩みとは、極めて類似しているのではないかと、私は考えています。

二年ほど前、私は札幌で仕事のご縁をいただきまして、中部国際空港から飛行機で参りました。私が乗った飛行機は、最終二十時すぎの便で、二十二時頃に新千歳空港に着きました。ちょうど遅い梅雨が明けた八月初旬の夜でした。その日は、梅雨明けの晴天で、しかも満月でした。私は、満月の夜に飛行機に乗ったのは生まれて初めての経験でした。飛行機の席は、たまたま窓際で、結構空いておりましたので、ゆったりと座れました。一列前に、五歳くらいの子どもの親子連れがおられました。子どもって面白いことを言うのですね。ジェット機というのは、約一万メートル上空を飛んでいますので、少々雲があっても常にお月さんは見えるわけです。その夜は満月で晴れていましたから、中部国際空港を発つときも「ああいいお月さんやね、飛行機からもよく見えるね」と喜んでおられて、私も「ああ、本当にきれいな満月だな」と思っていました。

それで一時間ほど経て前の子が「お母さん、すごいね」と叫びました。「どうしたの?」とお母さんが尋ねると、「あのお月さん、ずっと一緒に飛んでるよ」って。「すごいな、疲れないのかなあ」とか言うわけです。中部国際空港は晴れていたのですが、新千歳空港に降りましたら、曇っていてお月さんが見えませんでした。そうしたら窓を見て「ああ、やっぱりお月さん疲れて寝ちゃったのだね」と。「うまいこと言うなあ」と思っていました。

でも、間違いなく飛行機が飛んでいると、お月さんも飛んでいるように見えるでしょう。

その方が自然です。お月さんは、私たちが止まっているときには止まっているように見え、走っているときは走っているように見えるし、飛行機が飛んでいると一緒に飛んでいるように見えるのです。これを心理学では「誘導運動」といいます。人間には、運動していないものが、動いているものの影響を受けて、運動しているように見えるのです。そう見えるけれど真実ではないのです。「なるほどなあ……」と思います。人間には絶対にそういうふうに見える。それは間違いないけれども、それが真実とは限らないのです。

つまり、人間の目には間違いなくそう見えているけれども、真実とは限らないということが、人間の心には生じているのです。その人間の心が本当に安らいでいくというのは、どういうことなのだろうか。人間に生まれ、人間を生きている意義と喜びとは、いったいどういうことかを考えるうえで、人間の心は当てにならないということを、この人間の知覚特性は、教えてくれている気がします。

長生きしても幸せになれない人間

日本は、世界で長寿ナンバーワンの国になりました。日本の女性の平均余命はおおよそ八十七歳、これは統計的にいいますと、二人に一人は九十歳まで生きることが確約されているのだそうです。長寿は人間が考える幸せの条件の一つですから、日本人は、皆幸せであるはずです。ところが、二人に一人が九十歳まで生きられるようになっても、幸せとはいえない現実が、一方にはあります。本来、人間にとって長生きは、幸せの一つの条件であったはずですが、それが充たされても幸せとは言い切れない現実があるのです。

さらに、日本は世界有数の経済大国です。これも幸せの一つの条件ではありませんか。つまり、お金があって、女性は九十歳まで、男性でも八十歳近くまで生きられる長寿ということですから、日本人はみんな幸せいっぱいで「こんな幸せな生き方していいのかしら」とニコニコ、ニコニコする人ばかりいていいはずなのに、現実はどうでしょう。十三年連続して三万人を超す方が自ら命を絶っておられます。とりわけ、高齢者といわれる六十五歳以上の方々が、毎年約一万人自ら命を絶っておられます。交通事故死の約六倍の方が、今、自ら命を絶って逝かれるという時代になってしまいました。

また、ホームレスといわれる路上生活の方々がおられます。二〇〇三年頃のピーク時には、全国で約二万五千人おられたようです。その後徐々に減少して、二〇一〇年では全国で約一万二千人のホームレスがおられ、そのうち約一万一千人が七十歳以上の方々だそうです。二〇一〇年には、行方不明の高齢者が多いことが話題になりましたが、これらホームレスの方々が亡くなりますと、当然のことながら身元不明者として処理され、本来の戸籍は抹消されませんから、戸籍上は長生きされる人が多いということになるのです。身元不明で亡くなった人を行旅死亡人というそうですが、一千人を越える行旅死亡人が、毎年おられるのが、今の日本の現実です。いろいろな事情があってのことですから、一概には言えませんが、高齢になられて路上生活されている姿は、幸せにはほど遠いように思えます。

「長生きできて、お金がある」ということが、本当の幸せの条件ならば、皆が幸せになれるはずですが、どうもそうではないようです。人間が考える幸せの条件は、当てにならないということではないでしょうか。

メリトクラシー

派遣村というのがあります。二〇〇八年の暮れに東京霞ヶ関辺りにでき、厚生労働省の一室も多くの人に開放されたとのことです。いわゆる派遣社員といわれる方、嘱託とかアルバイトでお仕事をしていた方々が企業から解雇され、会社の寮から追い出されて、寝泊りするところが無くなった結果できた村でした。「どうして私たちは、こんなに辛い思いをしなければいけないのですか」ということで、東京だけの話ではなくて、日本中でそういう声が沸きあがってきました。しかし、考えてみますと、随分前からリストラということばが、日本では染み込んでいました。リストラというのは、リストラクチャー(restructure)という語を略しているのですが、企業をつくり直す・企業再生、企業が生まれ変わり、生き残るためにはどうしたらいいか。そういうことがリストラということです。いわゆる派遣切りも、同じ論理ではないでしょうか。

つまり、会社を生き残らせるためには、企業が生き残るためにはどうしたらいいかということです。その論理は、役に立つ人だけを残して、役に立たない人はご遠慮願いましょうということです。日本は、とんでもない時代になってしまったのです。

じつはこれは、日本に始まったことではないのです。一九五八年にイギリスで「メリトクラシー」と、当時の社会を風刺された人がおられます。社会学が専門の方で、自ら学校も経営しておられたマイケル・ヤングという人です。当時のイギリスはどうだったかというと、現在の日本とよく似ていたようです。会社・企業を生き残らせるためには、同じように、パートや嘱託の人を解雇するしかなかったのです。その結果社会には、失業者が満ちあふれました。そんな社会を風刺して「メリトクラシー」という造語が誕生しました。「メリト」はメリット、長所ということです。役に立つとか、長所とか優れたという意味です。「クラシー」というのは、デモクラシーのクラシーです。つまり、「メリトクラシー」は、役に立つものだけを大事にしていく考え方ということです。「役に立つ人だけを大事にして、そうではない人を切り捨てていくような社会があっていいのですか！いいのですか！」と、マイケル・ヤングが、「メリトクラシー」という造語を用いて、当時の社会や国を皮肉りながら、メリトクラシーといえる社会は、あってはいけないということを訴えたわけです。

役に立ついのちと、役に立たないいのちを分けていいのか

「メリトクラシー」という語が指す現象を考えてみますと、現在は、いろいろな形で出てきています。二〇〇九年七月十三日でしたか、参議院で可決成立した法案の一つに「脳死に伴う臓器移植法の改正案」がありました。一年経て二〇一〇年七月からは、その改正案が「臓器移植法」として施行され、それ以前よりは、脳死に伴う臓器移植が多くなされるようになりました。

この法律の主な改正点は、次の三点です。

（一）脳死を「人の死」にしたということ

（二）本人の意思表明がなくても、よほど強く本人が生前に拒んでいなければ、脳死後は、家族の同意さえあれば臓器移植可能ということ

（三）十五歳未満の子どもの臓器移植も可能ということ

たとえば、自分の子どもが、「臓器の移植によってしかもう治る道がない」という方にとっては、この臓器移植法は待ちに待った改正でありました。そういう方にとっては、それはとても嬉しい法律であるということは、よくわかります。「なるほどな」と思います。

でも一方で「今、あなたのお子さんが脳死になりましたよ。あと二、三時間以内に、心臓も止まってしまいます」と言われて、「つきましては、早速にすみませんけれども、お宅のお子さんの心臓を取り出させてください」と依頼されても、「わが子が脳死になったからといって、果たしてすぐに提供できるだろうか」という疑問もあります。そういうことを考えてみると、どちらの立場に立ってみても、これはすっきりしないといいますか、どちらも複雑な思いになるしかありません。けれども「移植によってしか、治療の方法がないという方を少しでも救いたい。救える人から救っていこう」ということで、この法律が国会で制定されたわけです。しかしながら、それを良いか悪いかと決着できる訳でもなく、そのどちらの立場にも立てない苦悩と向き合うしかないように思えます。

その脳死に伴う臓器移植にも、私は、メリトクラシーの発想があるような気がします。脳死という状態は「どうせ死ぬのだから」「二、三時間で、やがてこの心臓も肝臓も肺も機能しなくなるのだから」「どうせ二、三時間しか生きられないいのちだったら、何十年も生きられる人に移植してあげたほうが、はるかに役に立つのではないか」という論理で考えられています。そういう論理は、役に立つものが大切にされ、いのちでいえば長く生きられるいのちが重くて、短いいのちは軽いということではないでしょうか。役に立ついのちを実現するための論理が、脳死に伴う臓器移植なのです。いのちは長く生きられるほうが重い。そういう発想があるわけです。それによって、あと一年も持たない子どもたちが、この先、七十年も八十年も生きられるのだとしたら、確かにそれは救うということになるのだということは頭ではわかります。でもメリトクラシーという発想で考えると、いのちは長く生きられるほうが重いのかなと考えると、私のなかに、答えの出ない問いをいただくような気がします。

どうせ落ちる落ち葉だから

メリトクラシーの価値観と同じことを、私の住む寺でもやっていたのです。宗祖親鸞聖人の祥月命日十一月二十八日頃を目処に、うちの辺りの多くのお寺では、お取越し報恩講をお勤めします。うちも、ご本山と同じ十一月二十一日にスタートしまして、二十三日まで報恩講を勤めています。うちの境内に枝垂れ桜があるのですが、七、八年前までは十一月十七日か十八日頃には、葉っぱがほとんど落ちきっていました。ですから、明日から報恩講という二十日に落ち葉を全部拾えば、もうそれ以上落ちる葉っぱがありませんから、落ち葉を気にせずに、報恩講を勤めることができました。けれども、地球温暖化の影響でしょうか、七、八年前から異変が起きているのです。

ある年の十一月二十日に、明日から報恩講だからとご門徒さんと本堂で用意をしておりますと、境内からパンパン、パンパンと音がし始めました。「何かしら？」と思いましたら、当時は七十歳代半ばであった母親が、庫裡の裏から物干し竿を持ってきて、桜の落ちきっていない枯葉をパンパン叩いて落としていたのです。枝も一緒に折れて落ちてきます。「何をやっているの」と尋ねましたら、

「明日から報恩講というのに、こんなに葉っぱが残っていては、次々と落ちてきてみっともないことや。どうせ落ちる葉っぱなのだから、それなら今日のうちに落としてしまえ。誰もやらないから、私が本当にみんなのためを思って、こうやって葉っぱを落としている

のだよ。わからんかね、お前も手伝わんかね」ということでした。この発想はメリトクラシーと同じだと思いませんか。

臓器移植にしろ、桜の葉っぱ落としであれ、どうせ死ぬのだから、明日・明後日に落ちる葉なのだから、今日のうちに落ちてしまえ。自分の都合で、そういったものをやろうとしている。人間の思いというのは、そういうところがあるのだなと思います。

元気でないウサギを引き取ってほしい

『命のメッセージ』という本があります。当時旭山動物園の園長だった小菅正夫さんが二〇〇五年に書かれたものです。読んでおりましたら、最近小学校の校長先生から、よく電話がかかってくると書いてありました。何かというと「ウサギを引き取ってくれ」と。「小学校で長年ウサギを飼ってきたのだけれども、最近うちのウサギが、歳をとって調子が悪い」と。今までだと「みんなでお掃除して、ウサギ小屋を綺麗にしようね。そして餌もやろうね」と、三、四年生くらいで当番を決めてやると、「ほらみんなが綺麗にしたから、こんなに元気にぴょんぴょん飛び跳ねているでしょう」「餌をあげたからこんなに喜んでいるでしょう」と、ぴょんぴょん跳ねてくれたら調子いいのでしょうが、「すみません、うちのウサギが年とってきて動かないようになってしまいました」ということだそうです。そうすると「先生掃除してもあかんよ、餌をやっても喜ばないよ、このウサギ」と言われます。「そういうことで、やがて死んでいくと思いますが、どうもこれでは、学校で飼うウサギとして調子が悪いので、動物園で引き取ってあとは好きにしてください」と言ってくるというのです。小菅園長先生、随分お怒りになっておられます。

ウサギは、跳ねなくなったらウサギではないのですか。学校では、死んでいくウサギを見せたらいけないのですか。「今の学校の先生は、ウサギというのはぴょんぴょん跳ねて元気である。それがウサギであって弱って動かなくなったらウサギではない。死んでいく姿は、見ないほうがいい。そんな教育をしているのかと思うとぞっとします」と怒っておられます。そんなことを『命のメッセージ』という本に書いておられます。これもメリトクラシーではないでしょうか。ひょっとしたら学校の先生方の多くは、生きることだけを教えて、死といういのちの真実は教えないほうがいいと考えておられるのでしょうか。したがって、子どもたちには「死」を見せるのは、あまり望ましくないと考えておられるのかも知れません。メリトクラシーの根性が、いつの間にかはびこって、子どもたちもそれを感じ取っているのかも知れません。

役に立たないと言われて悲しかった思い出

そういうことは、私の本音にも露骨にあります。私は時々ご依頼を受けて、遠方へ話に出かけます。お寺の住職を務めていますと、遠方へ出かけているときにも、予定を立てられないことが生じます。私の都合に合わせて予定を立てられ、約束できることだったら助かるのですが、突然のお通夜やお葬式は、そんな訳にはいきません。

去年も三回ほど私がたまたま遠方に出かけているときに、お通夜と重なることがありました。夕方とか夜に、講演させてもらうことが結構あるものですから、お通夜のお勤めとしばしば重なります。ましてや遠方に居ては、どうしようもありません。それで「すみません、ごめんなさい」と言って、「私は今、遠方に来ているので、お通夜のお勤めはできません。代わりに大学生の若院（息子）がお勤めしますから、よろしくお願いします」ということになります。重なることがどうしても出てくるわけです。そうしますと私は住職として、ご門徒のお通夜に参勤できなかった自責の念にかられ、「悪いことをしたなあ、申し訳ないな」と、後から何度も心からお詫びします。あまりにも私が詫びるものですから、「気にしないで」という思いで言われたと思うのですが、去年も今年も、それぞれ別々の地域のご門徒ですから、お互いに知り合いではないのですが、同じことを言われました。そのことばが、私にとっては、グサリと心に突き刺さりました。

私の地方では、お葬式の翌日に、本堂のご本尊にお礼参りというしきたりがあります。住職に御礼を言うためにお参りするのではなくて、阿弥陀様に御礼参りをするのです。「今まで私は思い通りに、思いが叶いますようにと、自分の思い中心に一生懸命生きてきましたが、かけがえのない家族との愛別離の縁をいただいて、大事なことに気づかせてもらいました。ありがとうございました」というご本尊へのお礼参りです。そういうしきたりが、岐阜ではまだ残っています。それで、その御礼参りを受けたときに、「ごめんね。お通夜に行けなくて」とお詫びを申しましたら、同じことを言われました。

「何をおっしゃいますか住職さん。最近あなたの声がかすれてきて、後ろで聞いていてもハラハラ、ハラハラします。音も時々ずれたりするものだから、お勤めを一緒にしようと思っても読みにくくて。その点、若さんは、元気に艶のある大きな声で読んでいただけたので、私たちは安心してお勤めできました。お通夜や葬儀は、若さんの方が安心してお勤めできますから、どうぞ心配なさらないでください」

と。「えっ、私でないほうが良いのか」と思うと、内心複雑で、寂しい思いをした訳です。「俺は役に立たないのか？」と思うと寂しいのは、やはりメリトクラシーが人間の心の本質ということなのでしょう。

人間には、どれだけ物が豊かになっても、メリトクラシーといわれる、自分にとって都合よく役に立つものを大切にしていく根性が潜んでいるから、この根性が充たされないと、心は安らがないのです。明日からお寺でお勤めがあると、まだ落ちきっていない葉っぱを今日中に落としてしまおうと思うこともそうなのでしょう。年をとったウサギを動物園に引き取ってもらおうという発想もそうでしょう。こうした根性を充たすことを生き甲斐にして、私たちは生活しているのです。

『仏説無量寿経』には、こうした人間を、

煩悩結縛《けつばく》して解《と》けおわることあることなし。己《おのれ》を厚《あつ》くし利を諍《あらそ》いて省録するところなし。（煩悩結縛　無有解已　厚己諍利　無所省録）

と説かれています。人間は、一生煩悩から解放されることはなく、いつも自分が可愛く、得することしか考えられないと説かれるのです。これが、人間の本当の姿なのです。厚己《こうこ》諍利《じょうり》の条件を充たすことに、懸命になっているのが人間なのです。

自分勝手な喜びの心——当時快意

二〇一〇年の夏は、記録的な暑さでした。その予兆ともいえる蒸し暑さの七月十五日の出来事です。私は、京都の大谷大学へ、毎週一日学生相談と心理学の講義のお手伝いに行っています。毎週木曜日、朝から午後四時まで学生相談室のお手伝いをして、午後四時二十分から九十分間は講義です。うだるような蒸し暑い日でした。四時二十分になって、学生相談の疲れを感じながら講義の部屋へ向かっていましたら、何組かの浴衣・団扇姿のカップルと学内ですれ違いました。その日は、京都三大祭の一つ祇園祭の宵々山の日でした。祇園祭は七月十七日ですが、その前夜を宵山、前々夜を宵々山といい、祭の中心となる四条通りはとても賑わうのです。カップルは、そこへ行くにちがいありませんでした。うだる暑さの中、疲れた身体でこれから講義に向かう私は、とても不愉快でした。「祭に行くのか、いいなあ」と落ち込みながら渋々講義を始めました。

一時間ほど経過した時でしょうか。にわかに空が真っ黒に曇り、時間五十ミリは降っているかなと思える豪雨が外で降り始めました。そのとき、私の心は、とんでもない思いに支配されていました。四条通りの祭の人々を思い浮かべながら「ざまあ見ろ。よくぞ雨が降ってくれたな」と、豪雨を褒めたたえ、とても快感でした。豪雨にうたれて逃げ惑う人々を想像して、鬼の心そのものでした。残りの三十分はとても快調に爽やかに講義できた気がします。『仏説無量寿経』には、「時に当たりて意を快くす。忍辱すること能わず。（当《とう》時快意《じけい》、不能忍辱《ふのうにんにく》）」とあります。この日の私のためのことばではないでしょうか。「ざまあ見ろ。よくぞ雨が降ったなあ」と、誰かに向かって言うわけではありませんが、本音は、身勝手なものなのです。

講義が終わる頃には、雨は小降りになっていました。いつも京都へは、新幹線で行っていますが、月に一度、滋賀県の野洲にありますご門徒の家にお参りに寄ります。そのときには、ＪＲの在来線で京都駅から野洲まで参ります。その日は、野洲に寄る日でしたから、大谷大学を出て、京都駅の在来線のホームに行きますと、人が満ちあふれていました。駅の放送によりますと、先ほどの豪雨で一時運転を見合わせたので、電車が大幅に遅れ、しばらく待ってほしいとのことでした。それを聞いた瞬間、「当時快意《とうじけい》、不能忍辱《ふのうにんにく》」の私は、「なんで、あんなに雨が降ったのだ」と腹を立てました。つい一時間ほど前は、「よくぞ雨が降ったなあ」と、降る雨を褒めていたのに、自分の都合が変わると、同じ降る雨に腹を立てる私がいたのです。この日の豪雨は、自分の都合で判断する「当時快意《とうじけい》、不能忍《ふのうにん》辱《にく》」の私であることを教えてくれたのです。

思い通りに生きようとする危うさを教えられる

二〇一〇年のお正月は、私にとって衝撃的でした。二〇〇九年の暮れに私は、生まれて初めて指にあかぎれを作りました。例年の暮れは、お取越し（在家のお内仏の報恩講のお勤め）で忙殺され、それ以外は何もできないのですが、二〇〇九年は長男が、自分の車にカーナビがついたこともあって、私に代わってお参りに行ってくれましたので、暮れの三日間は、境内の掃除に専念しました。日ごろから、坊守の掃除の仕方に不満を感じていましたから、気合を入れて草を取り、落ち葉を集めました。それだけではありません。「今年の境内は、いつもよりきれいだな。今年は、坊守さんではなく、住職が掃除されたからきれいなんだな」と、ご門徒さんから言ってほしくて掃除しているのですから、山門の前の道路を車が通る気配がすれば、首をあげて手を振って、私が掃除していることを印象づけなければなりませんから、なかなか大変でした。ともあれ、軍手が破れてあかぎれができるほどの掃除をしたのですから、かなりの気合だったのです。

そして、大晦日の午後二時ころだったでしょうか。ほぼ外の掃除が終わって、私は、水銀灯にきれいな境内が照らされ、修正会に参詣される皆さんが、「今年の境内は、きれいやなあ」と言ってくださるシーンを勝手に想像して上機嫌でした。そのころから、雪が降り始めましたが、私の記憶のなかでは、大晦日から元旦にわたって雪が降り続き、積もったことはありませんでしたから、気にも止めず、その後は、本堂のお内陣の準備に取り掛かりました。寒かったので、戸を閉め切っていましたので気がつきませんでしたが、お内陣の準備ができた夕方、外を見て、今まで味わったことのないショックを受けました。もう十五センチほど雪が積もっていたのです。私の境内の掃除の跡は何も見えません。あかぎれが痛い指先を見ながら、「何のために掃除したのだ」と思うと、雪を恨み、とてつもない怒りがこみ上げてきました。さらに、子どもたちからは、

「掃除したことのないお父さんが、境内を掃除したから、雪が降ったのよ」

と茶化され、とても不機嫌に修正会をお勤めしました。そのころには、積雪は二十センチを優に超えて、参詣者は例年の半数、誰も境内の掃除を話題にはしてくれませんでした。私は、もう泣きたい思いで、お勤め後、布団にもぐりこみました。「雪のせいで、最悪のお正月だ。これくらいなら、境内の掃除なんかするんじゃなかった」の思いで、なかなか寝付けませんでした。

母親は、桜の葉っぱを思い通りに落とそうとしましたが、私は、思い通りにならない雪

に腹を立てていました。天気も自分の思い通りにしたいと、思い違いしている私なのです。このことに気がつけるのは、桜の枯葉が思い通りに落ちず、雪が思い通りに降らないからです。いつも思い通りにことが運んでいたら、私たちは、思い違いしていることに気づけないまま生きていくことになります。このどうにもならない思い違いをしてしか生きていけない私のために、如来さまは、ご本願をたててくださっているのです。ご本願の対象は、私なのです。

こうした生き方を、曇鸞大師は惑染の凡夫、道綽禅師は一生造悪、善導大師は逆悪、源信僧都は極重悪人、源空上人は善悪凡夫人と表現されたと、『正信偈』のなかで親鸞聖人は説明しておられます。つまり、如来さまのご本願の対象は、こうした私たち人間・凡夫ということです。厚己諍利《こうこじょうり》、当時快意《とうじけい》の自己に気づくことさえできない私だからと、如来さまの方から、この私のために、ご本願をたててくださっているのです。私は、自分の努力や心がけで清く、正しく、美しく生きていくことが人の道のように思い上がっていますが、自分の思いの充足を最優先にしか生きていけないことを、如来さまは見抜かれているのです。そのようにしか生きられないから、如来さまが、私のためにご本願をたてて、自分の心に気づかせてくださっているのです。

こうした私が、「なんとか私は幸せな生活しています」「なんとか生き甲斐をもって生活しています」というとき、私の幸せや生き甲斐は、条件を充足することを求めた生き方ということではないでしょうか。「条件が充たされたら私は幸せになれる」その思いで条件を充たそうとし、また、それらを失わないように一生懸命生きているのです。

日常の私は、「この自分の分別と努力と心がけで生きていれば間違いない。これでいいのだ」そういう思いで生きています。それで本当にいいのでしょうか。人間は、そのことに問題意識を持つことができずに、「それでいい」「自分だけは、なんとかこの条件を充たしていくからそれでいい」だから、「年をとって病気をして、寝たきりや認知症になったらあかんぞ」と、必死に「この生き方をしていれば、条件を充足していけるからそれでいい」という生き方にしがみついて生きているのではないですか。

仏さまの前で自分に気づかされる

けれども、それが、煩悩であり、自分が可愛く得することしか考えられない厚己諍利ということなのです。ですから、阿弥陀如来というはたらきは、こうした私たちによびかけ、気づかせ、洞察させてくださっているのです。

でも私たちは、一生懸命こうした生活をしているときには、その生活が問題だとは気がつけないのです。本当に気がつけません。私だけは条件を充たして、私だけはそこから逸脱しないように努力し心がけて一生懸命生きていけばいい。今は、何とかそれを充たしているからそれでいい。そこから逸脱してしまったら大変なことになると思い、一方では、おびえながら一生懸命生きているのです。でも「その思い充足最優先の生き方だけでは、心が安まることはありませんよ」と、私たちにきちんと教えてくれる用《はたら》きがあるのです。

お寺へ参拝に行くことを「参る」といいます。確かに如来さまへの敬語で、「行く」の謙譲語は「参る」です。しかし、お寺へ参るということは、ただ行くことだけではないはずです。お寺へ行って建物に触るだけでは、お寺に参るとはいいません。お寺へ行くだけでは、参ると表現されることはありません。本堂に入って、お勤めや法話を聞いて、自分の心に気づかされて、自分の心がけや力だけでは、どうにもならないことを実感して、まさに「まいった」「降参した」「ギブ　アップ」の自分と出遇うことが「参る」ということなのではないでしょうか。

ルサンチマン感情を超える世界

ここ二、三年、無差別ともいえる悲惨な事件の後に、「誰でもいいから殺したかった」という容疑者の発言がありました。最近随分、増えているように思えます。「誰でもいいから殺したかった」と、無差別に誰に対しても敵意をもっている人や、社会全体に対して敵意をもっている人が増えているように思えます。こうした敵意に満ちた感情は、ドイツの哲学者フリードリッヒ・ニーチェのことばで「ルサンチマン感情」といわれます。虐げられた立場といいますか、立場的に低い状況の人が、上の人に対して感じるとても強い敵意とか反発とか恨みとか妬みとかを「ルサンチマン感情」というのです。子が親に対して、生徒が教師に対して、部下が上司に対して、個人が社会に対していだく敵意の感情をいいます。

勝ったら嬉しいというのが、人間の本能です。「勝他《しょうた》・利養《りよう》・名聞《みょうもん》、これなり」（『口伝鈔』第九章）とありますように、「勝他」他に勝つ、勝るということは、人間の本能です。そのことは、優勝劣敗ともいえます。勝ちが優って負けが劣るというのが、人間の本性です。みんな勝ったら嬉しいし、負けたら悔しいのです。しかしながら、勝てるばかりではないのです。負けて、負けて、負けてということもあります。あるいは学校でいい成績を取っている子は「優等生だ」と褒められるかもしれないけれども、そうではない子は「あんたは駄目だ」と無視されることが積み重なるかもしれません。

小学校や中学校の頃から、「あんたは駄目、あんたは劣っている」そう言われ続けると、誰だって「どうせ僕は駄目だから」と、ルサンチマン感情が蓄積されます。すると「社会が悪い。僕がこんなに辛いのは、社会が悪いからだ」と、社会に対してのもの凄い恨みとか妬みとか嫉妬とかのルサンチマン感情が蓄積され、それらがうまく処理されないと、それに支配された行動化・アクティングアウトが生じることになります。その結果が、ある日突然のとんでもない行動になってしまうのかも知れません。

二、如来の励ましによる気づき

トランスパーソナル心理学

ちょっとむずかしい用語ですが、心理学では最近「トランスパーソナル心理学」ということばを用いている人たちがいます。これは別に新しいわけではなくて、心理学の領域では四十年くらい前にいわれたことですが、「心理学は、昔から人間のことだけ考えてきたけれども、どうも人間のことを考えるのならば、宇宙と人間の関係のなかで捉えていかないと人間の説明がつかないのではないか」ということです。親鸞聖人は、八百年も前からいっておられたことを、やっと心理学は、四十年くらい前から「人間を説明するには、やはり、そういう用きが必要だ」ということになったのです。

トランスパーソナル心理学を発展させたケン・ウィルバーは、「意識のスペクトル論」といっております。「人間を説明するとき、人間の心がけだけで成り立つ生活では説明がつかない。人間の思いを超えたところからはたらきかけられてくるものが必ずある。そうしないと説明がつかない」ということを基本にした考え方です。個人を超えるという意味で、人間ではおよばないところの力によって、人間が存在しているということをトランスパーソナルというわけです。

私たちの日常的な生き方、それは、優勝劣敗を充たし、役に立っていることを実感して、私の心がけ、努力でもってそれら条件を充たして生きていけたら幸せという思いに基づいた生き方です。それに対して、私たちが拝んでいる阿弥陀如来という用きは、「その生き方は、本物ではないのだよ」ということを気づかせようとする用きですから、阿弥陀如来というのは、具体的には、トランスパーソナルな作用の一つであります。如来大悲という用きは、自分の心の危なさに気がつけない私たちに「気がついてください」と気づかせてくださる用きです。人間や社会生活を考えていくと、トランスパーソナル心理学のように人間の論理を超えた、あるいは、人間の論理とはまったく別の価値体系で見ていかないと見えないことがあると思います。

先ほど述べましたように、お月さんが追いかけてくるというのは、飛行機から見ていたら本当にそうなのです。お月さんには紐も何もついていないのに、同じ位置で中部国際空港から千歳上空まではついて来ているように見えていました。どう見ても間違いなくついて来ているように見えるのです。これが本当の「つき合い」でしょうか。まさにつき合いのいいお月さんです。そう見えるけれども、真実ではないのでしょう。ついて来て動いているわけではないのです。地球の上から見ていたら、絶対にそうとしか見えないのですが、それをスペースシャトルとかに乗って宇宙へ行って、「お月さんがここにあります。地球がここにあります。お互いがこういう位置関係です」ということがわかって、初めて真実が見えるのです。宇宙からの目がないと、そのことには気がつけません。そういう用きが、人間には必要であるということです。

如来の大悲のはたらきかけ

では、私たち地球上の人間には、どのようにして、その用きが見えてくるのでしょうか。私たちの宗旨は浄土真宗です。自分の思いに基づいて判断するしかない私たち人間は、如来さまからの真実を宗として生きていくしかありませんから、真宗なのです。『仏説無量寿経』には、釈尊が如来さまの代表として、この地球上に生まれられた意義を、

如来、無蓋《むがい》の大悲をもって三界《さんがい》を矜哀《こうあい》したまう。世に出興《しゅっこう》したまう所以《ゆえ》は、道教を光闡《せん》して、群萠《ぐんもう》を拯《すく》い恵むに真実の利《り》をもってせんと欲《おぼ》してなり。

如来以無蓋大悲、矜哀三界。所以出興於世、光闡道教、欲拯群萠、恵以真実之利。

と説かれています。自分の思いに基づいて、厚己諍利《こうこじょうり》、当時快意《とうじけい》にしか生きられない私たちを、真実の利をもって拯《すく》おうと釈迦如来が、この世に生まれられたということです。如来さまから届けられるはからいは、常に真実なのです。その真実は、私たち人間の思いと一致するとは限りません。一致しませんから、私たちは真実を苦と受けとめるのです。ですから、辛い現実があるほど、苦しい生活があるほど、如来さまは、私たちを拯おうとしてくださっているということです。

大変苦労することを四苦八苦といいますが、この四苦は、生老病死《しょうろうびょうし》を指します。これはいのちの真実です。生まれて、年老いて、時には病気をして死んでいくことは、いのちの真実です。でも、この真実は人間の思いと一致しませんから、生苦《しょうく》、老苦、病苦、死苦の四苦と人間は受けとめるのです。この苦と思える真実があるから、私たちは何を優先すべきなのかがわかるのです。たとえば風邪をひいたとき、どのようにして、自分が風邪をひいたと気がつきますか。「只今風邪の菌が鼻を通過、あっ、気管支も通過、あっ、肺へ侵入」と、気がつける人はいません。風邪をひいたときにも、情けないことに私たちは、自分が風邪をひいているかどうかわからないのです。でも、しかるべき時がきたら、喉が痛い、頭が痛い、熱が出た、鼻水が出たなど、風邪かなと気づかせる症状が出るのでしょう。その症状が出て初めて私たちは、風邪かな?と思うのです。だから、その日は、何よりも優先して病院へ行けるのです。

それら症状は私にとって困ることでありますが、その症状が出なかったら、とても大変なことになります。その風邪の症状が、まさに人間の思いや心がけを超えた用きであります。それが阿弥陀如来という用き、如来の大悲と説明できることです。私たちに真実の方から「さあ気がついてください」と近づいて来てくださるのです。気づけますから、病院へ行って治療を受けることができるのです。

私たちの意思や心がけを超えて、その用きが届いているのです。辛く、苦しいときこそ、如来さまからの真実のはからいを受けて、拯われている瞬間なのです。「自分の思いの充足にこだわることが、真実を苦と感じさせる根源であった」という気づきが、拯われる道を歩み始める一歩なのです。

人間の都合で殺されるいのち

二〇一〇年の四月に宮崎県の農場で、牛や豚が感染する口蹄疫を発症している牛が発見され、五月・六月は日本中が、この話題で持ちきりでした。私は、口蹄疫という病気を初めて聞きましたので、調べてみましたら、人間に感染することはなく、牛や豚も死ぬことは無く、放っておけば治る病気だということでした。ただ、感染力は強く全身がやせ細ってしまう病気なので、肉が目当ての牛や豚が感染すると人間が困るのです。感染を防ぐためには、発症から二十四時間以内に、その農場の牛や豚を殺して埋めることが最優先で、感染した牛や豚を治療することは無意味ということのようです。そこで、毎日のように、「今日は、何千頭の牛と豚が、殺処分され埋却されました」というニュースが流れました。

「殺処分され埋却」というきれいなことばで表現され、日本中が牛肉や豚肉の買い付け騒ぎのパニックがおきないように、安全・安心・安定が毎日のように報道されていました。この対応は、人間の側からの論理であって、牛や豚にとっては、まったく理不尽な対応でした。人間の身勝手な対応が正論で、七月末に事実上の終息宣言がなされるまでに、合計で二十九万頭の牛・豚が殺されました。

私は、この年の五月に北海道の十勝に法話のご縁をいただきました。そこで、酪農をしておられる女性のお話を聴いて驚きました。その方は、「北海道に口蹄疫が流行ったら経済的には、とても困るけど、でも、私たちは毎日罪を犯して、一頭ずつ処分しているのだからねえ」と、涙を浮かべて話されました。

お話によると、牛や豚は、一般にペットとして飼われている犬や猫よりも賢いそうです。何百頭飼っていても、一頭ずつ名前をつけて呼んでおられるそうです。ちゃんと、牛や豚も自分の名前をわかるとのことです。そうして、数年世話をして飼ってきて、とても可愛く思えている時に、一頭ずつ出荷しておられるとのことでした。「可愛いおまえを売って、生きていく私を許しておくれ」と、毎日涙を流して見送り、罪意識を飲み込んで毎日仕事をしているとのことでした。

私には、目から鱗のお話でした。私には、牛肉・豚肉は食材であって、生きている牛や豚は見えませんでした。「今日のすきやきの牛肉、おいしいねえ」というときには、「よく働く自分のお金で買った飛騨牛のしもふりだから、おいしいに決まっているだろう」と、食材としての肉と自分の働きの良さしか考えていませんでした。日本中がそうなのだと思います。ですから、報道もパニックがおきないように、「きちんと殺処分と埋却の対応しているから、お肉は大丈夫ですよ」といわんばかりの内容の繰り返しでした。

私は、すき焼きの肉の一切れ一切れに、農家の方々の汗と涙と罪意識がしみ込んでいると感じて食べたことは、一度もありませんでした。自分の思い上がりに酔いながら、大好きな肉を美味しく味わっていました。口蹄疫の報道に、それまでは違和感を感じませんでしたし、自分の牛肉や豚肉の味わい方に疑問を感じたことは、一度もありませんでした。そのお話を聴いて「だから『いただきます』なんだなあ」と、初めて実感しました。牛肉一切れをいただくということは、とても大変なことだということです。かといって、この先、肉を食べずに生きていくことはできません。生きていること自体が、罪を犯してしか生きていけない私であることを、教えてくれたのが口蹄疫だったのではないでしょうか。自分の心がけでは、絶対に気づけなかったことです。

日本中が、麻疹にかかったみたいに時間の経過とともに、口蹄疫のことを忘れてしまっていることが残念でなりません。たとえば、学校給食で、お肉の献立があるときに、児童や生徒に「いただきます」の意味や「人間が生きるということと罪」について、口蹄疫に関連して教師から話しかけてほしかった気がします。口蹄疫は、牛肉や豚肉を食材としてしか見ないで、いのちをいただいて生かされていることを忘れかけている私たちへ、牛や豚から届けられたいのちの叫びだったのではないでしょうか。阿弥陀如来の大悲は、その叫びとして届いているのです。しかしながら、人間の都合ばかりを優先して、二十九万頭のいのちを無にしかねないのが現代の日本なのでしょうか。

パニック障害が気づきのきっかけに

ヨウコ（仮名）さんが、私の研究室へ相談に訪れたのは、冬休みが近づいた十二月中旬でした。彼女は、当時三年生の教育学部の学生で、実家は遠方で大学の近くにアパートを借りて、一人で暮らし、自転車で通学していました。相談の主訴は、「最近になって、通学の途中で突然心臓がどきどきし、呼吸ができなくなり、身震いして目まい感がして立っていられなくなることが時々起きるようになった。徐々に回数も増えてきて、週に一回ほど起きるようになってきた。何の原因も思い当たらないし、体調に特に異変はないので、心理的な原因かと思って来談した」とのことでした。こうした症状は、十代後半からしばしば見られるもので、パニック発作といわれます。

ヨウコさんは、ご両親が小学校の教員であることもあって、物心ついた頃から「小学校の先生になる」と思っていたようです。地元の国立大学の教育学部を受験したのですが、失敗して、滑り止めで受けていた本学教育学部へ入学しました。三年生の九月に小学校の教育実習に行くまでは、このような症状は出なかったのですが、実習が済んで一か月ほどした十一月初旬に初めて症状が出たとのことでした。症状が出た最初は、自転車に乗っている最中だったので、しばらくその場で休んで、落ち着いてから終日保健室で横になっていたとのことでした。

ヨウコさんは一人っ子で、小学校・中学校は優等生で、地元で一番の進学校といわれる高校に進学しました。幼児期から振り返っても、両親に逆らったことは一度もなく、「親は怖い」という思いが常に頭から離れないようでした。したがって、いつも両親の言いなりで、顔色をうかがいながら生活することが多かったようです。学校では、友だちとの関係も良好で、成績は優秀でしたから、小学校・中学校では、担任の教師からは自慢の児童・生徒と言われ、両親からも褒められることはあっても、叱られることはほとんどなかったようです。ところが、中学に入学してからは、平生は自分の部屋で一人過ごすことが多く、両親との会話は、ほとんどありませんでした。友だちとは、表だってケンカしたことはまったくなかったのですが、小学校の時から、いつも友だちには気を遣い、本音を出したことはなく、友だち遊びが楽しいと思ったことは一度もないとのことでした。

高校に進学したヨウコさんは、学力では自信をもっていたのですが、県下で一番の進学校でしたから、その高校では、優等生にはなれない自分を知って初めて挫折感を味わいました。いつも褒めてもらっていた小・中学校での生活でしたが、高校では、まったく目立たず、両親からも褒めてもらえず、私は駄目なんだと自己否定感を感じ始め、寂しい思いをもちながら、そのことを誰にも言えず、悶々とした高校生活でした。その影響か、二年生の秋ころから一人の男子生徒と深い仲になって、卒業まで付き合いは続きました。その彼から「今の君は、とても優秀で素敵だよ」と言ってもらうことが、何よりも嬉しかったようです。いつしか、「体を許せば、男性は、自分の話をゆったり聴いて受けとめ、認めてくれる」と実感するようになっていました。大学進学は、教師になりたくて、迷わず地元の国立大学の教育学部を受験しましたが失敗し、第二希望の本学で教師を目指して、親から離れて一人の生活が始まったのです。

小柄でとても可愛い彼女ですから、入学してすぐに多くの男友だちができました。高校時代の男友だちとは、大学が離れて次第に疎遠になったとのことでした。大学での男友だちと、喫茶店やレストランなどのお店でのデートが、ヨウコさんはとても苦手でした。人目が気になって何も話せないからです。また、自室から外へ出るときは、必ず化粧をしました。大学へ入学してから、男性だけでなく女性の友人にも、素顔を見せることはありませんでした。「自分の本心や素顔は、誰にも明かせない」と、大学生活のなかで強く感じるようになっていました。真面目に勉強することがしみ込み、授業をサボることはありませんでしたから、成績はトップクラスでした。でもそれは、ヨウコさんには当然のことで、嬉しくは感じられませんでした。

大学生活は、彼女にとって少しも心の安らがないものでした。いつも周囲に気を遣い、愛想笑いを浮かべて、外ではストレスいっぱいでした。自分が納得できるように、周囲の人たちが能力や容貌を認めてくれることもなく、しだいに「私は、何の能力もない劣った人間だ」と思うようになりました。一人で自室に居てもいたたまれず、心安らぐことはありませんでした。一人で夜を過ごすことがとても辛くて、多くの男友だちの部屋を訪ね、一夜を過ごすことが多くなりました。それでも男性の前で化粧を落とすことは、けっしてありませんでした。高校時代と同様、「男性は体を許せば、自分をそのまま受けとめ、認めてくれる。辛い自分を忘れて一夜は楽に過ごせる」と、気を紛らせて、辛い自分を忘れようとする夜が多くなりました。ですから、翌朝には、本当の自分をだれもわかってくれないという現実に戻って、空しさに打ちひしがれる日々の繰り返しでした。

そんな生活の繰り返しのなかで、三年生の九月にヨウコさんは小学校の教育実習を四週間体験しました。真面目に懸命に取り組み、子どもたちからも小学校の教員からも、とてもいい評価を得ました。ところが、ヨウコさんは、幼児期から教師になることしか考えてこなかったのに、実際に実習を体験し終えて、子どもと接することに怖ささえ感じる自分に気づいて、「本当に自分は教師の適性があるのだろうか」「本当に自分の意志で教師を選んだのだろうか」「このまま教師になって、後悔しないだろうか」という疑問と迷いが生じてきました。そんな矢先にパニック発作が生じたのです。

相談当初から、ヨウコさんは心理的な原因と気づいていましたが、そのわりには、口数が少なく、自分のことを語ることはほとんどありませんでした。後日、脳外科等で検査を受けましたが、何も異常は見つかりませんでした。何度か相談に訪れるうちに、本音を吐き出しても大丈夫、聴いて受けとめてもらえると感じられて、徐々に自身のことを語るようになりました。私は、ヨウコさんの感情を細心の注意をはらって聴いて、何の指示や説明も加えないで、そのままの感情を受容することに徹しました。そして、そのつど、「自分は、何の能力もない人間としか思えなかったのだね」とか、「本当に自分は教師の適性があるのだろうかと不安になったのだね」と、ヨウコさんの感情を明確に整理して、受容した感情を確実にヨウコさんに伝え返しました。それまで、自分の本当のことを誰かに話して、一緒に考えてもらうという経験はまったくなかったヨウコさんにとって、このカウンセリングは、自分を見つめるうえで、とても有意義であったようです。

暗黙の了解で、両親が教師だからということで、自分も将来教師になると決めつけ、そのために必要と思える他者からの「いい子」という評価にこだわり続けて生きてきたのです。それは、両親が納得し喜んでくれることでもあったから、彼女には不可欠の生き方だったのかも知れません。それまでヨウコさんは、自分の進路など重要なことを自分で決めたことはありませんでした。親に逆らえないというだけではなく、「親が決めたことだから」と、まずい結果になっても、親に責任を転嫁できるという都合の良いことがあったからです。それでも、実習が済んでから、「教師になっていいのだろうか」という疑問と迷いは、誰にも言えませんでした。両親には絶対に知られてはいけないことだと彼女は感じていました。一人で、どうにもできず悶々としているなかで生じた、パニック発作だったのです。

家族全員での気づき

本人の了解を得て、両親にも来てもらいました。両親にとっては、ヨウコさんのパニック発作は青天の霹靂でした。自慢の娘であり続けた子が、やつれて自信を無くしている姿に、大学に問題があり大学の責任ではないかと感じられたようです。それは、しばらく離れて生活されていた両親には、無理もないことでした。二日ほど岐阜の彼女の部屋に泊まって、今までこれほど話し合われたことはなかったというほどの長い時間をかけて、彼女と両親の話し合いがなされました。彼女は、勇気を出して「教員になることが怖くて、とても採用試験は受けられそうもない」と告白もしました。すると、彼女の本音を聞いて、両親は、彼女を叱るどころか、彼女の苦悩に気づけなかったことを詫び、「無理しなくていいよ。教員以外にも、あなたのできる仕事はいっぱいあるよ」と、彼女が拍子抜けするほど、あるがままを受けとめられました。自分一人でかかえていなくても、自分を心底わかってくれる両親であることが、彼女には伝わったようです。

両親にとって、ヨウコさんのパニック発作は、初めてヨウコさんを理解するきっかけになったのではないでしょうか。それまでの「いい子」であったヨウコさんは、両親の思いが造りあげた虚像であったのかもしれません。名前をもち、意思をもち、生々しい感情をもち、誰とも同じではない自分だけの、一回だけの人生を生きているヨウコさんに気づこうとされていなかった両親であったのかもしれません。パニック発作がなければ、虚像のヨウコさんを壊し、現実の実像のヨウコさんを理解することは、両親には不可能だったのではないでしょうか。突然のことではありましたが、両親は、それまでのヨウコさんへの理解は、彼女自身の気持ちと一致していなかったと、パニック発作が起きたことによって、気づかれたのではないでしょうか。

とはいっても、それですぐに彼女が快方に向かう訳でもありませんでした。パニック発作は、月に一度くらいの割合で生じていました。両親は、教員以外の進路を認めてくれたとはいっても、今まで、自分で主体的に自分の進路を考えたことがなかったヨウコさんにとって、将来の進路を考えることは、とてもむずかしいことでしたし、周囲の仲間のほとんどが、教員を目指して活き活きしている姿を見て、何も決められない自分への自己嫌悪を募らせるしかありませんでした。

自己嫌悪を強く感じるようになったヨウコさんは、一人で夜を迎えることが益々辛くなり、辛さを紛らわせるために、男友だちの部屋を訪ねることが続くようになりました。でも、両親に二十年にわたって貯めていた本音を打ち明けられたことによって、パニック発作の程度は徐々に軽くなり、卒業するころには、ほとんどなくなりました。

私は、ヨウコさんの感情と存在をカウンセリングの中でひたすら無条件に受容して、それを伝え返すことに専念しました。四年生になって、ヨウコさんは、大手企業は避けて、地元の企業の就職活動を積極的にするようになりました。現実にある職のなかから、自分ができそうなものを選んで職を決めることにしたのです。その結果、教員採用試験が始まるころには、地元の流通関係の企業の内定を得ることができました。それによって、彼女の自己嫌悪感情は減少し、一人で夜を過ごすことができるようになりました。カウンセリングの中では、次第に自分の心を見つめることが可能になり、誰にも負けたくないという自尊感情と、責任を両親に押しつけたいという他因自果の本音を、何度も何度も表明するようになりました。

ヨウコさんにとって、この本音はとても醜いもので、自分に存在していることは認めたくなかったし、誰にもさとられたくなかったようです。受け身的な人間関係の中で、自分の本音を語らなくなったのは、この本音に気づかれることへの防衛であったようです。また、化粧をして素顔を誰にも見せられなかったのは、心を見せないための象徴的な行為であったようです。カウンセラーの私が無条件に感情と存在を受容することによって、誰にも負けたくないという自尊感情と、責任を両親に押しつけたいという他因自果の本音は、醜いものではないし、存在していていいのだと自覚できることによって、自己嫌悪の感情を、ほとんど表明しなくなりました。卒業し就職しても、まだ、パニック障害は消えてはいないようです。自宅から通勤し、両親とは本心から話せるようになって、自室に閉じこもることはなくなったとのことです。

本当の自分のままに生きるわが子がいたら——機の深信

自分の期待に応えてくれるわが子がいたら、「ああ、あんたは私に似て良かった。さすが私の子だ」と、そのときは絶対そう思うでしょう。ところが、期待に裏切られ都合の悪いことが起きたら「私に似ればいいのに、お父さん（お母さん）に似たからあかんわ」と、自分以外のところに責任転嫁します。私たちは、どこまでも自分可愛さで生きているということです。私たちは期待すると言いながら、自分にとって期待通りで都合の良い子を育てようとしているのではないでしょうか。自分の思いを一番大事にしているのです。自分の期待通りになる子どもを愛しているのです。期待はずれのわが子に悩むということは、「私が一番可愛がっているのは、私自身の思いだった」ということに、気づくことが願われているということです。そのはたらきを「如来の大悲」と私たちは拝むのです。私たちにとっては、子どもが期待はずれで子どもとトラブルが起きて、そのことを通して、私たちは自分の心に気づかせてもらうのです。普段の平々凡々とした生活のなかで、私たち自身の心がけでは気がつけないことを、如来の大悲というはたらきが「さあ、気がついてください」と、私たちに呼びかけてくださっているのです。

ヨウコさんのパニック発作は、本人にとっても両親にとっても、とても苦痛で衝撃的な症状でした。苦痛が強く衝撃的であったからこそ、待ったなしで解決しなければならない事態になったのです。解決のためには、それまでの人生とお互いのこころを見つめることは不可避でした。このパニック発作は、如来さまの大悲だったのです。ヨウコさんが誰とも同じではない一度だけの自分の人生を生きるためには、「それまでの自分の思いに基づく生き方は、もう限界ですよ。本当の自分を見つけてください」と、届けられた真実の利だったのです。問答無用に、もう後延ばしはできませんよ。誰にも負けたくないという自尊感情と、責任を両親に押しつけたいという他因自果の本音は、醜いものという思いの顚倒に気づいて、本当の自分の生き方をしてくださいというご本願が、パニック発作という縁となって、ヨウコさんを動かしてくれたのです。大変な自己嫌悪と孤独、不安と逃避の生活を繰り返す中で、たくさんの涙を流して、少しずつヨウコさんは、如来さまの大悲という呼びかけに応じられたのです。

私たちは呼びかけられても、「思い通りに」「早く楽な生活に戻りたい」と、厚己諍利《こうこじょうり》、当時快意《とうじけい》に支配された世界に再び帰っていきたいものです。けれども、何度も何度も、私たちが気づけるまで、その用きは「そうではないよ。気がついてください」と、苦悩を通して呼びかけ続けてくださいます。やがてその用きによって、「ようこそ、気づかせてくださいました」と、苦悩と向き合う時、本当の自分と出遇い、すくわれるチャンスを得るということです。親鸞聖人は、善導大師の自覚に基づいて、この自己の心の危なさへの気づきを、「機の深信」とうなずかれているのです。

三、如来の受容によるすくい

認知的不協和理論

私は毎朝、読売新聞を読んでいます。だいたい想像してもらえるかと思いますが、プロ野球の巨人が勝った翌日は喜んで読んでいます。ところが、巨人が負けますと見たくありません。つまり、人間には「認知的不協和理論」と説明される本性があります。自分の心が乱れるような情報は見たくない、聞きたくない、触れたくないという本性が、人間にはあるのです。だから、巨人が負けた次の日の新聞をよく読んで、なぜ巨人が負けたのかを分析しようと思う人は、巨人ファンではないと思います。

私は、東海地方に居ながら、野球は巨人ファンで、なぜか中日が好きになれません。シーズンオフは、毎朝気楽に新聞が読めますが、野球のシーズン中はそうはいきません。特に、巨人が、好きではない中日に負けた翌朝の朝刊のスポーツ欄は、目を伏せてめくらなければなりません。嫌な情報や刺激を認知したくないのが人間なのです。

「たばこを吸うと肺ガンになります」という記事を、いろいろな雑誌等でたくさん見ることができますが、これらの記事を読んでいるのは、喫煙していない人がほとんどです。熟読する喫煙者は皆無に等しいと思います。喫煙者にとって、これらの記事は不協和を引き起こしますから、避けようとするのが人間の本能だからです。

自分に不協和を起こすことは見たくないというのが、人間の本能です。ですから、「煙草を吸うと肺がんになります」という記事や広告がいっぱい出ていますが、あれは、じつはあまり意味がないのです。なぜなら、あの記事を読む人は、煙草を吸わない人だからです。煙草を吸う人は絶対に読みません。「私も煙草を吸うから、肺がんになるかもしれないから読んでおこう」という人は、一人もいません。たいてい、目立つように書いてあって目に入ってしまったら、「わかってるわ」と不機嫌になり、その次にどう思うかというと、「私の祖父さんは、九十五歳まで煙草を吸っていたぞ」とか、「私の知り合いは煙草を吸わなかったけれど、五十歳で肺ガンで亡くなったぞ」と、少しでも自分の不協和を和らげようとします。これが人間の本能なのです。

心理学では、この人間の本能的特性を、認知的不協和理論で説明します。この理論は、アメリカのレオン・フェスティンガーによって提唱されました。

無条件の受容の必要性

人間には、認知的不協和理論で説明される本能がありますから、自分が不協和を感じて、都合が悪いと思うことに対しては、絶対に直視して受容することはできません。そのときには、「自分は大丈夫。私は絶対大丈夫」という絶対安心がなければ、その現実と向き合うことはできません。「こんな自分ではダメだ」と思っているような不安定な状況で、現実の自分と向き合うことはとてもできません。

私たちカウンセラーが、カウンセリングを始めるときに最優先にすることは、その人を「そのままのあなたでいいよ」と無条件に受容することです。それは何故かといいますと、認知的不協和を避ける本能が人間にはありますから、まずは「あなたは、○○○という気持ちだったのですね。よくわかりますよ。それでいいですよ」と受容して、自分を不協和ではないように見つめてもらう必要があるからです。

自分の思い通りにはならず、辛い自分を感じて自己嫌悪感や自己否定に苦しんでいる人に、「自分の心を見つめて、自分の思いの充足を優先する心に気づいてください」と言っても、自己否定して苦しんでいる人は、自分の心を見つめられるはずがないのです。ですから、「こんな私でも、認めて受け入れてもらえるのか」とクライエントに感じてもらわなければ、自分を見つめてもらうことはできません。そのために、クライエントの感情と存在を無条件に受容する必要があるのです。

これに対して、日常生活では、私たちは、周囲の人たちから、自分の感情や存在を無条件に受容してもらうことは、きわめて困難です。人間社会では、自分がまず先に、期待されることに応えるという条件をクリアしなければ、受容されないのではないでしょうか。条件を充したら、あなたを仲間に入れてあげるよ。そうでなかったら仲間には入れないよ。そういう社会ではないですか。それは、家族に対してもあてはまりませんか。

毎日の生活で私たちは、子どもや家族、あるいはお年寄りに対してどんなことばをかけているのでしょうか。「お母さんは、あなたのために一生懸命どんなことでもしてあげるからね。塾へも行かせてあげるからね」と、わが子にことばをかけていても、期待通りの成績でなかったら、私たちはどんなことばをかけるのでしょうか。「あんなにお母さん（お父さん）は、あなたのためにしてあげたのに……」と、否定的なことばに変わるのではないでしょうか。

たとえば七〇点以上を期待していれば、その点数を優先させて判断するのが、人間なのです。「あんなに一生懸命応援してやっても、五〇点が今度は五五点、わずか五点上がっただけか」とか、「やはり今度も六〇点しか取れなかったのか」とか、期待はずれの時には、否定的な評価しかできず、その結果を認めることばは、なかなか言えないものです。自分の期待通りの七〇点だったときには「それでいいのだよ」とは言えますが、期待はずれだったときには、そうはいかないのです。

ですから、私たちはカウンセリングにおいて、まず無条件にその気持ちと存在を受け止めて「あなたは、〇〇〇と感じているのですね。よくわかりますよ」とか「あなたは、今のあなたでいいのですよ」と伝え返すのです。「自分を受け止め、理解してくれる人が、今、ここにいてくれた」と、クライエントに感じてもらえるように、まずあるがままの気持ちを無条件に受容することからカウンセリングは始まるのです。

このカウンセラーの態度やことばかけは、阿弥陀如来の「どんな状態であっても、今のあるがままが、あなたの大事な人生の一ページなのですよ」「そのままのあなたが、あなたの人生において意味あるのですよ」という浄土の慈悲を具体的に現しているのです。日常生活では、条件付きの受容しか得られないから、日常生活で行き詰まって苦悩し、苦悩するからカウンセラーと出会えるのです。このカウンセラーとの出会いが、条件不要の自己の居場所と役割に気づかせてくれます。無条件に存在できる自己を確認させてもらうのです。自分の思いに縛られていた自分が、苦悩することによって、それから解放される歩みが始まるのです。この用きを阿弥陀如来というのです。ですから、苦悩する時にはすでに、阿弥陀如来という用きが、私たちに寄り添ってくださっているのです。このことは、わが子が精神的に追い詰められたときに、「だから言ったでしょう」とか「お母さんは、こんなにしてあげたのに」とか「それでは、絶対だめだよ」としか言えなかったお母さんが、わが子の苦悩への支援を通して、「今、あなたは、こうしかできなかったのだね」と、ことばかけできるように変われるということでもあるのです。

カウンセリング理論による理解

来談者中心のカウンセリング理論を展開したカール・ロジャーズは、カウンセリングが成功する六条件を挙げています。そのうちの三条件は、カウンセラーの態度に関することで、

① カウンセラーとクライエントの関係のなかで、カウンセラーは一致して統合され、純粋に聴くことができること。

② カウンセラーは、クライエントに対して、無条件の肯定的配慮を示していること。

③ カウンセラーは、クライエントの内部照合枠に共感的理解を示し、そのことをクライエントに伝えていること。

という三条件を挙げています。

この成功する六条件は、人間が最高に実現された状態で、最適な心理治療の目標点ともいえる、「十分に機能する人間」とロジャーズが表現した人格理論に基づいて引き出されたものです。

ロジャーズは、カウンセリングの経験を通して、人間には、生来、自分を実現しようとする自己実現の傾向があると説明しました。そして、生活のなかで自分に気づき、その経験から自分をイメージすることができると考えました。そして、自分にとって重要な他者から、受容されるという肯定的配慮への欲求と、それによって自分で十分に自分を受容するという自己受容への欲求が充たされることによって、「十分に機能する人間」になれるとしたのです。このために、カウンセラーは、純粋に聴き（傾聴）、感情を無条件に受容するという肯定的配慮（温かさ）を示し、共感的態度で聴くことが重要であると述べています。

ロジャーズは、十分に機能する人間というのは、

① 彼は何を防衛することもなく、自分の経験と向き合うことができる。
② それゆえ、すべての経験の意味に気づくことができる。
③ 彼は、生活のなかで主体的に経験を評価することができる。
④ 彼は、あるがままの自分を無条件に受容することができる。

など十項目の特徴をそなえているとしています。

ヨウコさんとのカウンセリングにおいて、私は、この理論に基づいて、ヨウコさんの感情をそのまま受容する態度で傾聴しました。人間には、一度だけの人生を自分らしく生きようとする自己実現への傾向があり、それは、重要な他者から受容され、自己受容することによって達成されるという過程を、カウンセリングのなかで経ていくことができるからです。たしかに、ヨウコさんは、自己否定に打ちのめされ、その自分から逃避するしかなかった状態から、カウンセリングのなかで徐々に、自分に目を向け、自分を受容することができるようになりました。自分の本音を表出することなく、自分一人で自己否定の感情を抱えていたヨウコさんは、カウンセラーの私が、そのままを受容したことによって、いかなる感情も受容されることがわかって、徐々に自分自身に目が向いていきました。ロジャーズのいう「自分にとって重要な他者から、受容されるという肯定的配慮への欲求と、それによって自分で十分に受容するという自己受容への欲求」が、確かに充たされることによって、あるがままの自己に目が向き、目を背けていた過去の自分を見つめ、受容できるようになったのです。

これは、ロジャーズのいう「生来、自分を実現しようとする自己実現の傾向」によって、ヨウコさん自身が、カウンセラーの私から受容され、肯定的配慮への欲求を充たすことができた変化にちがいありません。パニック発作という辛いことがきっかけとなって、カウンセリングを受けるしかない事態を経て、自分に目を向けることが可能になり、自己実現へ向けて歩み始めることができたと説明することは可能です。

すくわれたヨウコさんの心の歩み

ヨウコさんは、「誰にも負けたくないという自尊感情と、責任を両親に押しつけたいという他因自果の本音は、醜いもので、誰にも気づかれたくない」という防衛の心と勝ち組になれない自分への自己嫌悪から、自分の心に目を背けて生きてきたのです。カウンセリングを始めても、すぐには、その自分の心と向き合うことはできませんでした。目を背けたい自分の心から逃避するために、多くの男性と一夜を共にする日々が続きました。

私は、徹底してヨウコさんの感情と存在を無条件に受容しました。この繰り返しによってヨウコさんは、確かに現実の自分に目が向くようになりました。そして、その過程のなかで、自分の過去にさかのぼって、誰にも負けたくないという自尊感情と、責任を両親に押しつけたいという他因自果の本音がいつ頃から、どのようにして生じてきたのかということを点検し、自分の過去を洞察しました。そして、いつも良い子で周囲から良い評価さえ得られればいいと考えていて、自分の本音を感じとることもしないで、それ自体から逃避していた自分に気づいたのです。

そしてそれらは、両親の態度によって形成されたと思い続けていたけれども、両親から見放される不安や、いつまでも両親に保護されていたいという本能的な思いによるものであったということにも気づいたのです。そしてさらに、そのように自分自身に問題の根源があったけれど、それを絶対に認めたくないという感情が、自分には存在していたという事実とも向き合うことができたのです。

カウンセラーの私は、ヨウコさん自身が気づかれたそのことを、ヨウコさんに改めて整理して伝え返し、そのままのヨウコさんの存在を受容しました。この繰り返しのなかでヨウコさんは、誰にも負けたくないという自尊感情と、責任を両親に押しつけたいという他因自果の本音は、醜いものではなく、自分の心に存在していてもいいことに気づきました。

ヨウコさんの心の動きを整理すると、次のようになります。

①　教師への自信喪失と、自己否定感情の高い状態
②　パニック発作によって、不安になり途方にくれる状態
③　カウンセリングで、自己否定する自分さえも受容され安心する状態
④　少しずつあるがままの自分に目が向く状態
⑤　自分の過去を点検する状態
⑥　良い子になるしかなかった根源的感情に気づき洞察する状態
⑦　自分の本音を受容し、自己受容できる状態
⑧　自分の心そのままを自覚できる状態

ヨウコさんが私とのカウンセリングのなかで、否定していた自分自身に次第に目を向けることができたのは、「こんな自分と向き合うことはできない。こんな自分は、イヤでイヤで仕方がない」というヨウコさんの感情と存在を、私が、如来さまの代務者として、そのままあるがままに受容したからです。

「自己受容できないから辛いのだよ。自己受容できれば楽になるよ」という受けとめで

はなく、「こんな自分は消してしまいたいほど、イヤで仕方ないのだね。そのようにしか思えない、あなたの辛さよくわかりますよ」と、そのままを受容したからです。他者から受容されて、初めて人間は、認知的不協和で否定したい自分にも目を向けられるようになるのです。

これらの状態を経て、ヨウコさんは、パニック発作から始まった苦悩を経て、自己否定し周囲には良い子を貫かなければならない窮屈な自分と向き合い、自己点検、自己洞察、自己受容の歩みを経て、あるがままの自分の心を自覚することができたのです。

心をすくう本質は如来のはたらき

この経過をロジャーズは、「人間には、生来、自分を実現しようとする自己実現の傾向があるから」と説明しますが、はたして説得力があるでしょうか。「自分を実現しようとする自己実現の傾向」というのが、何のはたらきによって、ヨウコさんの身の上に機能していると説明したらいいのでしょうか。肝心の自分を実現しようとする自己実現の傾向が、どのように芽生えてきているのかは、ロジャーズの理論では、明確にはなっていないのです。

ロジャーズは、カウンセラーの三条件を充たす態度によって、クライエントは、自分で自分を受容するという自己受容への欲求が十分に充たされ、「十分に機能する人間」になれると言っているだけなのです。しかし、認知的不協和理論で説明され、当時快意《とうじけい》の人間が、自分の内からの力によって、目を背け向き合いたくない自分に、目を向けられるようになるとは考えにくいのではないでしょうか。ですからこれは、ヨウコさんが、「人間に生まれ人間を生きていてよかった」と、実感して生きている自分自身に気づけるようにと、ヨウコさんの外からのはたらきがあって実現したとしなければ、説得力がないのではないでしょうか。

人間は、いかなる環境、境遇、状態であっても、居場所と役割をもって存在し、今の私を生きていてよかったと実感して生きてほしいという願いを、自分の外から受けて生きているのではないでしょうか。その願いに気づけず、自分の厚己諍利《こうこじょうり》と当時快意《とうじけい》の本能に支配されて生きている私たちに、真実の利をもって、その願いそのものが私たちに、生きている喜びと意義に気づけるように、用きかけてくれているのです。

『仏説無量寿経』にあります、

十方衆生、心を至し信楽《しんぎょう》して我が国に生まれんと欲《おも》うて、及至《ないし》十念せん。

（十方衆生、至心信楽、欲生我国、乃至十念）

のご本願が、まさにすべての人間に、いかなるときも届いているのです。ヨウコさんは、パニック発作によって、人生の大きな問題と向き合うきっかけを得て、カウンセリングによって、現実の自己と向き合う機会をつかみ、自己点検と自己洞察を経て自己受容に至ることができたのです。けっして思い通りに生きられるようになったわけではありませんが、自分の居場所と役割があったことに気づいて、生きている意義と喜びを実感することができるようになったのです。

このヨウコさんの歩みは、如来さまのご本願「至心信楽、欲生我国」が、自己否定の心から、自己受容へと向かうこころの変化の経過を経て、『仏説無量寿経』にあるように、

あらゆる衆生、その名号を聞きて、信心歓喜《しんじんかんぎ》せんこと、乃至《ないし》一念せん。

（諸有衆生、聞其名号、信心歓喜、乃至一念）

とヨウコさんの心に成就した結果であると、真宗カウンセリングでは説明することができます。

人間の思いに照らせば、「生来、自分を実現しようとする自己実現の傾向」ですが、その傾向は、如来さまのご本願「至心信楽《ししんしんぎょう》、欲生我国《よくしょうがこく》」が、私たち人間の身の上に「聞其《もんご》

名号《みょうごう》、信心歓喜《しんじんかんぎ》」と成就していることに気づけたということなのではないでしょうか。ロジャーズは、このご本願が成就していることを、生来、自分を実現しようとする自己実現の傾向と表現したのです。

私たちには、誕生以来、いつでも、どこでも、ご本願は、生きていることの意義と喜びとして届けられているのですが、それに気づけない私たちなのです。如来さまは、このヨウコさんに「私に生まれ、私を生きていてよかった」と、実感して生きられることを念じて拯《すく》いの手を差しのべられていることを、パニック発作を縁として気づかせてくださったのです。ヨウコさんのパニック発作は、如来さまによって拯われていることに気づく歩みの始まりでもあったのです。すべてのクライエントは、いつでも、どこでも、生きている意義と喜びをもって存在できるように願われているけれども、それに気づけなかった自分であることに、カウンセリングのなかで気づけるのです。そして、たしかに、そのままあるがままの自分で生きている意義と喜びを実感できるのです。それが、如来さまに拯われているということなのです。

このクライエントの心の作業を促進するためには、カウンセラーによるクライエントの感情と存在を、そのままあるがままに受容する態度が必要なのです。カウンセラーの態度が、クライエントの自己実現の傾向を引き出すのではなく、その自己実現の傾向は、如来さまの用《はたら》きそのものなのです。自己洞察し自己受容となって届いているのです。その用きに気づくためには、カウンセラーによるあるがままの受容が必要なのです。言い換えれば、母親など日常生活における重要な他者によって、この受容がなされていれば、カウンセリングによる受容は必要なかったにちがいありません。

ですから、ロジャーズのいう自己実現の傾向は、如来さまのご本願によるものなのです。これは、すべての人に届いているのです。残念ながら、「この自己実現の傾向こそが、如来さまのご本願」と気づけるのは、真宗門徒だけであって、他の宗旨の人にも届いているけれども、気づかれることはないのです。

認知的不協和理論で説明される人間特性に支配されることなく、現実の自分を見つめることができるのは、カウンセラーの無条件の受容によって、「十方衆生、至心信楽、欲生我国、及至十念」のご本願が、クライエントに届いていることを自覚することができるからです。自分の思いを充足することに縛られ、現実の自己を否定し、自己を見つめることができなかったクライエントが、カウンセラーによって受容されて、自己否定する必要がないと実感でき、自分の思いを離れて、如来さまの願い・用きを自覚できたから、自分を見つめることができるのです。クライエントの自己治癒力といわれることは、如来さまの「我が国に生まれんと欲え」というご本願が、クライエントに「聞其名号、信心歓喜」として届いたということなのです。

如来さまの無条件の受容

無条件に受容するといっても感情と存在を受容するのであって、行動を野放しにする訳ではありません。たとえば死にたいと訴える方がおられたときに、「そうか、あなた死にたいのだね、よくわかるよ。そうですか、それではガソリン被る？ 電車に飛び込む？ 薬飲む？」と、このように行動を無条件に受容する訳ではありません。私たち人間は、行動を無条件には受容できません。死にたいと言われたときに、「ああそうか、あなたは、死にたくなるほど寂しいのだね」「死にたくなるほど辛いね」と、その感情を無条件に受容することはできます。でも日常生活では、「死にたくなるほど寂しかったのだね」と言ってくれる人は、すこぶる少ないのです。「そのように感じるから、辛くなるのだよ。だから駄目なんだよ」と否定したり、「そんなに気にしなくてもいいよ。もっと気楽に元気出して頑張ろうよ」と励ましたりするのです。ですから、日常性から抜け出して、カウンセリングにおいてカウンセラーは、「死にたくなるほど寂しいね、辛いね」と、そのままの気持ちを無条件に受容するのです。

これに対して如来さまが届けてくださる受容は、私たちの感情や居場所はいうまでもなく、言動も含めた、まさにそのままますべての受容です。いかなる考え・行動であっても、その私を否定されたり、何らかの条件を付けられることはありません。「それが、今のあなたなのですよ」と、その私を受容し、自己点検、自己洞察を促し、自覚を促してくださいます。親鸞聖人は、「さるべき業縁のもよおせば、いかなるふるまいもすべし」「わが心のよくて殺さぬにはあらず。また、害せじと思うとも、百人・千人を殺すこともあるべし」と言われたと『歎異抄』には示されています。たとえ殺人を犯したとしても、その人間そのままを受容してくださっているのが如来さまです。たとえ、家族を殺害されたとしても、悲痛のどん底でその人を支え受容してくださっているのが如来さまです。

また、「いずれの行にても、生死をはなるることあるべからざるをあわれみたまいて、願をおこしたまう本意、悪人成仏のためなれば、他力をたのみたてまつる悪人、もっとも往生の正因なり」とも、親鸞聖人は言われています。人間は業によって殺人さえも犯しかねないから、その悪行から始まって、あるがままの自分の心への自覚に導いてくださるのが如来さまです。

その如来さまの受容を、私たちカウンセラーは、如来さまの代務者として、人間に可能な最大限の受容をもってクライエントを受容します。人間には、如来さまのように行動のすべてを受容できません。ですから、最大限にすべての感情と存在を受容するのです。それによって、クライエントは自分が苦しむ日常性から抜け出すことができて、自己点検、自己洞察、自己受容を経験し、自分の心を自覚することができるのです。いかなる行動も受容される如来さまの用きが届いていますから、自己点検、自己洞察、自己受容、自覚の歩みが可能になるのです。

私たちは、自分を見つめようとするときに、まず誰かによって無条件に受容されなければならないのです。そうでなければ、現実の自分自身に目をむけることはできません。なぜなら認知的不協和理論という人間の本能があるからです。まず自分が無条件に受容されなければ、人間は自分と向き合えないのです。したがって、この受容は、他者によってなされなければなりません。阿弥陀如来という用きは、カウンセリングにおいては、カウンセラーという他者となって、そのままの私に寄り添い受容してくださっているのです。如来の方から先に「あなたそのままで生きていける世界を届けてあげますよ。いや、もう届いていますよ。今のあなたそのままでいいのですよ」と、私たちに、用きかけ受けとめてくださるのです。カウンセラーは、クライエントにとって、その具体的な代務者といえるかも知れません。

触媒としてのカウンセラーの受容

私たちは、ひたすら厚己諍利《こうこじょうり》・当時快意《とうじけい》の生活で、「条件が充たされたら幸せになれる」と、その条件をとにかく充たそうとし、そのためには、自分の心がけと努力があればなんとかなると一途に生きていますから、その生活の中では、自己のその思いこそが逆さまであり顚倒《てんどう》であることには、なかなか気づけません。その私たちに如来の方から「顚倒していることに、気がついてください」と、真実の利をもって用きかけてくださいます。自己の思いを充たそうとする私たちは、その真実の利を苦と受け止めるのです。如来というのは「如が来る」ということです。真実（如）が、私たちの方に来てくださるから如来です。私たちが近づいていく訳ではないのです。

私たちは自分の思いに凝り固まりながら、「この生き方でいいのだ」「あのようには、ならないように」などと、自分の思いを巡らせながら生活しています。その私たちに対して、真実をもって「さあ、気がついてくださいよ」と、呼びかけてくださる用きがあるのです。職務上の行き詰まり、病気、人間関係のトラブル、心理的葛藤など様々な問題が発生することは、自分の思い優先の生き方をしている人間を拯《すく》おうとするはたらきが届いたことを意味します。自分の思い充足を優先する人間が、自らが苦悩することを選択するはずがありませんから、苦悩が生じたときに、すでに自己の力を超えたはたらきによって、私たち人間は、動かされているのです。

苦悩が生じるのは、日常生活の顚倒に気づかせようという如来大悲の用きです。如来さまのご本願が、苦悩という縁となって届くのです。そのクライエントに対して、カウンセラーは、日常ではクライエントが誰からもなされなかった態度で傾聴し、感情を無条件に受容します。このカウンセラーの態度は、直接クライエントを動かす訳ではありません。クライエントを動かすのは、阿弥陀如来のご本願です。しかし、ご本願の用きにクライエントが気づくためには、カウンセラーの受容的に傾聴する態度が不可欠なのです。

カウンセラーの無条件の受容の態度は、化学反応における触媒に譬えることができます。触媒とは、反応物質以外の物で、化学反応に際して、それ自身は化学変化を受けず、反応を成り立たせたり速めたりする物質のことです。中学の理科で習いますが、過酸化水素水から酸素を取り出すときの二酸化マンガンが触媒の働きであることは有名です。化学式は、$2H_2O_2 \rightarrow 2H_2O + O_2$　と表され、二酸化マンガンは触媒ですから、形には表れませんが、これがないと過酸化水素水から酸素はできないのです。

カウンセラーのこの無条件の受容の態度によってのみ、クライエントは、如来さまのご本願と光明が自分に届いていることに気づくことが可能になるのです。

信心歓喜の世界を開く――法の深信

認知的不協和理論で説明される人間特性に支配されることなく、現実の自分を見つめることができるのは、カウンセラーの無条件の受容によって、「十方衆生、至心信楽、欲生我国」の「我が国に生まれんと欲《おも》え」というご本願が、クライエントに届いていることを自覚できるからではないでしょうか。自分の思いを充足することに縛られ、現実の自己を否定し、自己を見つめることができなかったクライエントが、自己否定する必要がないとカウンセラーによって受容され、自分の思いを離れて如来さまの願い、用きを自覚できたから、自分を見つめることができるのです。クライエントの自己治癒力といわれることは、如来さまの「我が国に生まれんと欲え」というご本願が、クライエントに「聞其名号《もんごみょうごう》、信心歓喜《しんじんかんぎ》」として届いたということなのです。カウンセラーの態度が触媒となって、如来さまのご本願が届いていることが自覚され、クライエントの自己洞察が始まって、自己治癒力として顕在化してくるということなのです。親鸞聖人は、この生きる力と自信を「法の深信」と表明されています。

さびしいとき

金子みすゞさんをご存知ですか。亡くなられて八十年が過ぎました。二十六歳で、女の子一人を遺して自ら命を絶って逝かれたのですが、とてもたくさんの詩を書いておられます。私も金子みすゞさんに教えられる一人ですが、二十代前半でこの感性は凄いなと思います。彼女の詩に『さびしいとき』（『明るいほうへ』、一九九五年、ＪＵＬＡ出版局）という詩があります。

『さびしいとき』

わたしがさびしいときに、
よその人は知らないの。

わたしがさびしいときに、
お友だちはわらうの。

わたしがさびしいときに、
お母さんはやさしいの。

わたしがさびしいときに、
ほとけさまはさびしいの。

こういう詩です。この詩を読んだときに、私は目からウロコが落ち、ハッとさせられた記憶があります。無条件に受容するということは、私がさびしいときに、仏さまはさびしいのです。私のさびしいときもある人生そのままを受け止めてくださるのです。

この詩の中で、みすゞさんは、日常生活の価値観と人間関係を説明していると私は思います。私がさびしいときにも、他人はまったく知らん顔で私に気がついてくれません。私がさびしいときに、友だちは笑って「そんな寂しがらなくてもいいよ。さあみんなで楽しくやっていこうよ」と私を励ましてくれます。でも、励ましてくれるということは「寂しがっていてはいけないよ」「世の中は楽しく生きなくちゃ。さあ私が励ましてあげるから、寂しさを吹き飛ばして、さあ元気を出して」と、社会の価値観そのままに、さびしい私を否定して、社会に適応させようと励ましてくれるのが、友だちだと説明しているのです。「さびしい生き方よりも、楽しく笑う人生のほうがいいよ」と、条件を押しつけてくるのが、一般社会であり、友だちだということです。

喜びも悲しみも、かけがえのない私の人生

この一行で思い当たることがあります。家族が亡くなりますと、葬儀を執り行いますが、最近では、必ず遺影が飾られます。遺族は、どんな写真を遺影に選ぶのでしょうか。亡くなったその人の写真には違いないのですが、遺族にとって納得できる写真が、選ばれるのではないでしょうか。多くの場合は、にっこり微笑んで幸せを感じさせてくれたり、その人らしさが感じられる写真ではないでしょうか。その一枚の写真を亡き人の人生、いのちとして、はたしていいのでしょうか。遺影は、亡きその人の人生の真実を現しているのではなく、残された遺族にとって都合良き一瞬を現しているのではないでしょうか。

最近の葬儀では、ご本尊よりもその遺影がどんどん大きくなってきています。亡き人の

人生は、笑っておられた時もあるでしょうが、苦痛に顔がゆがんだ時や悲しみに涙を流された時や怒りに満ちた時もあるはずです。それらの顔を遺族は、否定されるのです。亡き人の生涯を偲ぶと言いながら、遺族が納得できる一瞬を選んでいるに過ぎないのではないでしょうか。葬儀の遺影は、けっして亡き人の真実ではないのです。「わたしがさびしいときに　お友だちはわらうの」の一行は、友だちにとって都合のいい私になるように、励まされているということを表しているのではないでしょうか。

ほとけさまは　さびしいの

そして、お母さんはもう一歩私に近づいています。私がさびしいときには、お母さんは優しいのです。それは、「元気を出して」と励ますのではなくて、「この子は辛いのだなあ」と、その気持ちをわかりながら待ってくれているのです。優しいという字は、よくできていますよね。人が憂うと書いて優しいと読みます。つまり、お母さんは「この子は寂しいのだ」と一緒に憂いているのです。だから優しく接してくれます。憂いをもって接してくれるお母さんは、優しいとみすゞさんは説明します。

でもお母さんは、さびしい彼女を、やはり、憂いて慰めているのです。「嬉しいほうがいいよ。さびしいよりは嬉しいほうがいいよ」というお母さんの答えがあります。ですから、お友だちは笑い、お母さんは優しいのです。それはまさに、この娑婆の愛であり、人間愛なのです。親鸞聖人は『歎異抄』のなかで、それを「聖道の慈悲」と説明されています。

「聖道の慈悲というは、ものをあわれみかなしみはぐくむなり。しかれども、思うがごとくたすけとぐること、きわめてありがたし」これが人間愛です。「ものをあわれみ、かなしみ、はぐくむ」、お友だちは笑って励まし、お母さんは憂いて優しくしてくれる。ものをあわれみ、かなしみ、はぐくんでくれる。でも本当に、人がすくわれていくことはありません。『歎異抄』では続いて、「思うがごとくたすけとぐることきわめてありがたし」とあります。「それでは、すくわれませんよ」とおっしゃいます。

それに対してみすゞさんは、「ほとけさまは　さびしいの」と続けられます。ほとけさまが、この私を見つめてくれたときには、「あなたは、今寂しいのだね。それが今のあなたなんだね。その寂しい今のあなたも、人生九十年のなかのかけがえのない瞬間ですよ」と、あるがままの私を受容してくださると感じているのです。『歎異抄』には、「浄土の慈悲」と説明されています。「大慈大悲心をもって、おもうがごとく衆生を利益するをいうべきなり」ということです。さびしいときはさびいしい自己で良いということは、まさに無条件に受容されるということです。いかなる言動も受容される如来さまの大慈大悲心ということです。おもうがごとく衆生を利益するということは、無条件に私のすべてをあるがままに受容されているという実感なのではないでしょうか。

父の死の意味に気づく

如来という用きは、無条件に私たちを受容してくださっているということです。「今、あなたは寂しく感じるしかないね」「それが今のあなたでいいのだよ」「あなたの人生の一ページには、今のあなたもあるのだよ」と受け止めてくださいます。だから金子みすゞさんの「わたしがさびしいときに　ほとけさまはさびしいの」の詩は、凄いと私は思います。

この詩を私が知ったのは、いまから十数年前になります。この詩によって、私は私の父親の死の意味に気づかせていただきました。八月二十六日が祥月命日ですが、三十一年経ちました。今から三十一年前、私が二十七歳のとき五十七歳でお浄土へ還って逝きました。当時の私は「五十七歳にもなっていれば」と思いましたが、私は現在五十八歳です。今では「若かったなあ」と思います。身勝手なものですねえ。

私の父親は、住職のかたわら小学校の教員もしていました。何の症状もなく、痛くもかゆくもなかったのですが、検査で胆石が見つかりました。「画像で見るとかなり大きく写っているから、七転八倒の痛みがくるかもしれない。早めに手術をしよう」ということで、入院して手術を受けることになりました。入院したのが昭和五十五年五月十二日で、手術が五月十六日でした。よく覚えています。

たまたま私の出身大学の同じテニス部だった医学部の先輩たちが、何人かその病院に赴任していました。私はそのとき、「父親から死の不安を遠ざけてあげることが、息子としての当然の思いやりだ」と思っていました。ですから、父親だけではなく、母親にも他の家族にも門徒総代さんにも、もしも重大な病変があってもそれは言うべきではないと思っていました。そう思って、実際に十六日に手術を受けましたら、立ち会ってくれた先輩から、途中で手術室に呼ばれました。

「今、胆石を取り除いたら、その陰から怪しい細胞が出てきた。一週間病理に回してみるけれども、悪性の癌細胞だったらすぐにまた再手術をする。お前には知らせるけど、患者さん本人にも言っていいか」

と尋ねられましたので、

「駄目、駄目、絶対に言わないで。私にだけ言ってください。そのことはカルテにも書いておいてください」

と懇願しました。その時の私は、それが父親への思いやりだと確信をもっていました。

二十二日になって、その先輩から電話がかかってきました。

「今結果が出たが、残念なことにアデノカルチノーマという悪性の癌細胞だった。それで明日手術することになったが、患者さん本人にはお前から言うか」

ということでした。それで私は、

「冗談じゃないですよ先輩。本人の今日の様子は、手術して一週間近く経て、明日は抜糸だと元気に飛ぶように歩いていますよ。そんなところで、また明日手術なんて私は言えないので、先輩から手術のときにハサミかなんか置き忘れたとか何とか、とにかく何でもいいから説得してください」

とお願いしました。しばらくして、病院に付き添っている母親が電話してきました。

「今、先生が明日再手術だと言いにきたけれど、大丈夫なの？」

それで私は、

「念には念を入れて、もう一度の手術なのだから大丈夫。それに軽い手術だから」

と言ったものの、私としたらドキドキでありました。

ともあれ手術は、五月二十三日に無事済みましたが、六月九日になって劇症肝炎が起きてしまいました。たくさん輸血をしましたから、そこから何らかの形で肝炎ウィルスに感染し劇症肝炎になったのかも知れません。健康な時には、三十とか四十とかという肝臓機能を示す数字が、三六〇〇と信じられないものでありました。

「ひょっとしたら明日死ぬかも知れません。いつ意識がなくなるかも知れません」と言われたのが六月九日ですが、それから頑張ってくれて、八月二十六日に息を引き取ったのですが、徐々に死期が近づいてくるなかでも、私は最期まで父親に「お父さんは、もう間もなく死ぬかもしれない」とは言えませんでした。すると八月になって父親は、「お盆が近づいてきたから、一度とにかくうちへ連れて帰って、本堂のご本尊にお参りをさせてくれ。お墓参りもさせてくれ」と懇願するようになりました。それでも私は、死の不安を遠ざけてあげようと、「それは体に良くないから」と引き受けませんでした。

父親が寺におりませんから、お盆の繁忙期は大変でしたが、私は一人で何とか乗り切りました。お盆が済み余裕ができた私は、「こんなに懇願しているのに、このまま死なれてしまっては、私が後悔するなあ」と思い始めました。それでレンタカーを借りて、ベッドで点滴したまま主治医にも一緒に付き添ってもらって、自坊へ一時帰宅しました。門徒総代さんたちにベッドのまま運んでいただいて、本堂にお参りしました。八月十九日のことです。本堂で私は『嘆仏偈』か『三誓偈』のお勤めを思い浮かべながら、

「何のお勤めをしようかね」

と尋ねましたら、父親は、

「そうだな。『十四行偈（帰三宝偈）』をお勤めしてくれ」

と言いました。これは、平生ではお葬式の時、棺前勤行でお勤めしています。私もそのことは知っていました。そして、死を遠ざけることが私の思いやりだと思っていましたので、

「何を言うの。それは、死んだときにちゃんとお勤めしてもらえるから、今から慌てなくていいわ」

と、とても私は動揺して『三誓偈』をお勤めしました。勤めが済むと父親は、

「ようお勤めしてくれた。それじゃかえろうか」

と、寂しそうに言いました。

「あわれなるかなや」の教え

父親の「病院へ帰ろうか」というのは当たり前だったのですが、そのことばには、深い意味があったということに私は気がつきませんでした。それから一週間経って、八月二十六日の朝に容態が急変し病院へ駆けつけましたが、午前九時五分にお浄土へ還って逝きました。意識がなくなったのは八時三十分でした。その直前まで意識はしっかりしていましたが、八時三十分に突然、「あわれなるかなや」と三回叫んで意識がなくなりました。父親の生涯最期のことばが、「あわれなるかなや」だったのです。

「あわれなるかなや」は、『御俗姓御文』とか『式文』のなかに出てくることばです。私はそれをこの金子みすゞさんの詩と出会うまで、父親が亡くなってから十数年間、父親は「俺は、今までとても元気で何の症状もなかったけれど、検査で胆石がわかったから早めに手術を受けたのに、こんなふうに五十七歳で死んでいくのは哀れだ」と、自分自身の死を呪いながら、「自分が哀れだ」と死んでいったと思っておりました。

しかしながら、金子みすゞさんのこの詩を通して、父親の最期の「あわれなるかなや」は、父親自身の無念の思いではなく、いのちの真実に向き合うことができないこの私に向けられていたことばではなかったのかと、気がついたのです。亡くなる丁度一週間前に自坊へ連れもどった時の「『十四行偈』（お葬式の棺前勤行）をお勤めしてくれ」と「それじゃ、かえろう」のことばは、ただお参りして、病院へ帰るということではなかったのです。「もう私は、お浄土へ還る用意ができているよ。でもお前は、まだ自分の分別が正しく、父親から死を遠ざけてあげることが息子の思いやりだと思っているのだね。自分の思いに執着する世界でしか、お前は生きておられないのだな。なんと哀れなことだ。気がついてくれよ。私の生命と引き換えに気がついてくれよ」

のいのちがけの叫びだったのです。そのことを父親は、生前には一言も私に言いませんでした。

最期に「あわれなるかなや」と三回叫んでお浄土へ還って逝きました。その「あわれなるかなや」は、「今まだお前は、気がついていないのだよ。死を遠ざけていくことが親に対する思いやりであると思っているお前は、自分の思いにこだわり自身の死を遠ざけ、いのちの真実と向き合えていないのだよ。人間に生まれ人間を生きている意義と喜びを、思い違いしているのだよ。いつ気がついてくれますか。その日がくることを信じて待っていますよ」の如来の大悲としてのことばだったのです。このことに気づかせてくれたのが、この詩でした。十数年もの長きにわたって私は、父親を犬死させていたのです。言い換えれば、十数年もの長きにわたって、私は気がつけないままで許されていたのです。

阿弥陀如来のはからいは、気がつけるまで縁となって届けられています。道綽禅師は、『安樂集』に「行者一心に道を求めん時、常にまさに時と方便とを観察すべし。もし時を得ざれば方便なし」と指摘しておられます。機が熟すというタイミングが合わなければ、私たちは、如来のご本願には気がつけないのです。そして、機が熟すまで、私たちは気がつけないままで受容され許されているのです。機が熟し時を得れば気がつけるからです。私にとって、父の死の意味は、この詩によって時を得たのだと思います。

父親の死後、私がこのことに気づける機会は、たくさんあったのだと思います。でも、ことごとく私は、それらのチャンスを逃してきたのです。そして、金子みすゞさんの詩によってやっと気がつけたのです。このことは、何度も何度も裏切り気がつけない私に対して、「今のあなたは、まだ気がつけないのだね」と、その時の私を常に受容し、その後も縁となって、はからい続けてくださった用きがあったということです。

四、阿弥陀如来と共に生きる

自分のあるがままを、受け止め知らされる世界

かわらけ投げをされたことありますか。京都の神護寺とか四国の屋島へ行くと、「かわらけ」といって、杯を素焼きにしたような小さめのお皿を、谷へ向かってひたすら投げるというものがあるのです。「そんなものどこがいいのだ」と思われるかも知れませんが、「ムカつくな。この野郎、部長のバカ」と思いながら投げたりしますと、スカッとするわけです。「頭へきたぞ。うちのかみさんよー、もう少し小遣い上げてくれ」とか思って投げる人など、いろいろな人がいるようであります。私も何度かやったことがありますが、かわらけ投げは、投げてスッキリはしますが、今一、後味が悪いのです。なぜかといいますと、どこへ飛んでいって、どうなったかがわからないからです。

その点、キャッチボールは、よくわかってとてもいいですね。「このボールはこうだったよ」と、相手がちゃんと受けてくれますと、投げたボールがあまり良くないボールだったか、ナイスボールだったかということが、よくわかります。

二〇〇九年三月、ＷＢＣという野球のワールドカップがあり、日本が二連覇してイチローのドラマで終わりました。あのときに気がついておられたかどうかわかりませんが、キャッチャーは、当時大リーグのマリナーズの城島、巨人の阿部、そしてもう一人、ほとんど試合には出ませんでしたが、広島の石原が選ばれていました。ある野球評論家は、この石原が陰のＭＶＰだと言っていました。プロの人が見ると、十二球団のキャッチャーのなかで、彼が一番上手にボールを受けることができるのだそうです。ただ受けるだけではないのです。どういうボールをピッチャーが投げたかということを、キャッチャーミットの音で知らせる受け止め方ができるのだそうです。

ほとんど彼は、ブルペンキャッチャーでした。ブルペンというのは「さあ、そろそろ登板」というピッチャーが、肩慣らしのウォーミングアップをする所です。そのときのキャッチャーとして、彼は選ばれたようです。非常に回転よくすごくいいストレートボールがきたら、ポーンといい音で受けて返してあげるのです。ちょっとこのボールは良くないということだったら、良くないという音で受け止めるのです。あるいは、よくきれている変化球なら、グサッときれている音で受けることができるキャッチャーなのです。つまり、どういう威力のボールなのかということをあるがままにピッチャーに伝え返せるキャッチャーだったのです。それによって、ピッチャーはその日の自分の調子がよくわかり、試合でうまく相手を抑えることができたようです。だから、陰のMVPといわれたのです。

ピッチャーのボールを受けて、あるがままにその威力を音で伝え返せる石原というキャッチャーは、まさに如来さまに匹敵する人です。ピッチャーがあれだけ調子よくいけたのは、その音を聞いてピッチャー本人もコーチも、その日の調子がよくわかって、いいボールの使い分けができたからではないでしょうか。あるがままに事実を受容してもらい、それを伝え返してもらうことは、人間にとってとても大きな力になるのです。カウンセラーは、クライエントに、「無条件に、あなたの○○○という感情を受容したよ」と、わかりやすく伝え返す必要があるのです。そのカウンセラーの態度が、触媒となって、如来さまのご本願が届いていることが、クライエントに自覚され自己洞察が深まっていくのです。

業道自然の現実を知る

先日のある祝日に、こんなことがありました。ここ数年、その祝日は、午前中に滋賀県のあるお寺の法座で法話をしてお昼のお斎をいただき、食後のコーヒーも戴いてから、午後は、大垣教区のあるお寺の法座の法話という法話のはしごの日になっています。午前の法話のお寺に着きましたら、坊守さんが右手をケガしておられて「こんなケガをしてしまいましたので、今日はお昼のお斎を用意できませんので申し訳ありません」ということでした。法話が済んで、すぐにそのお寺をおいとまして、帰路の車を運転しながら、ふと考えました。私は、住職を本業としていますから、土・日のお昼は、ご門徒さんや法話のお寺さんでお昼のお斎を戴くことがほとんどです。また、大学へ勤めていますので、平日の昼食は大学を主として外で食べています。したがいまして、一年を通して昼食を自宅で食べることは、ほとんどないのです。そこで、そのお寺を出て、すぐに「そうだ、めったに食べない昼ご飯を、今日は家で食べてやろう」と思い立ったのです。「食べさせていただく」ではなく「食べてやろう」と思い上がっていた私です。ですから妻の反応は、「まあ嬉しい。めったに昼ご飯食べない貴方が、お昼食べてくれるの。じゃあ、気合い入れて作るわ」と反応してくれると、かなり期待していました。ところが、私が話し終わると間髪をいれずに、「えー、食べるの」と、妻からは、これ以上いやという言い方はないという感じで返事が返ってきました。その瞬間、腹が立って腹が立って、とても不機嫌になって、その一方で意地になって、自宅へ帰りました。丁度私が自宅へ戻ったとき、妻も車で同時に戻ってきました。あれから、どこかへ出かけたようです。妻の手には、コンビニ弁当がぶら下がっていました。「これくらいなら、帰って来ないで、どこかの店で食べればよかった」と、とても不機嫌にお昼のコンビニ弁当を食べました。

これが、私の本性なのです。その後も、「妻が『えー食べるの』と、迷惑そうに言ったから私は、腹がたったのだ」としか思えない私でした。その一言が立腹の原因としか思えないのです。ところが、そうではないのです。私の思い上がりという業が因となっているから、妻のことばに腹が立ったのです。妻のことばは、「昼は、私が自宅に居るだけで迷惑」という真実だったのです。その真実が縁となって私に届き、私は立腹という結果になったのです。思い上がりの業が因であるから、腹立ちという結果になるのです。これを業道自然というのです。

願力自然に励まされる

私は、自分でこの業を引き受けきれないのです。引き受けられないから腹が立ったのです。この業を消したり小さくするのではなく、そのまま引き受ける力を私にくださるのが、ご本願なのです。「どうして、私は妻から邪魔者あつかいされなければならないのだ」と、その場は腹が立って仕方なかったのですが、午後の法話をしながら「私は、自分の業が引き受けられなかったから、腹が立ったのだなあ」と気がつく私でもありました。腹が立たないと気がつけませんから、腹を立たせてくださったのも、腹立ちの種は、自分の業と気づかせてくださるのもご本願の用きなのです。気がつくと不思議です。業だらけの自分をそのまま引き受けて、「私はダメだなあ。お昼は身勝手だったなあ」と、苦笑いしながら妻に、夕方には「お昼はゴメン」と言う私なのです。すると「私もゴメン」と返ってくるのです。いつもケンカし、その度にお互いに自分の業に気がついて引き受け、仲直りしている夫婦です。だから三十三年も続いているのです。つまり、業道自然のうえに、ご本願の力が用いて、自分と相手の業をそのまま引き受けることができるようになるのです。これを願力自然と説明するのです。業によるケンカのお陰でお互いの業に気づくことができ、そのままを受けとめることができますから、「これでよかった」という自己像や関係が生まれてくるのです。

無為自然に生きる—信心歓喜

腹が立たなかったら、私は自分の本性に気がつかないままです。ましてや妻の本性なぞわかるはずがありません。お互いを理解するというのは、何の包み隠しもなく業をぶつけ合って、その業をお互いに受けとめるということです。相手を理解し、受容するといっても、業がありますから、ケンカはするのです。でも、阿弥陀如来のご本願があるから、ケンカをしても大丈夫という確信、自分と相手の業を引き受けることができるという確信がもてるのです。この確信が、人間関係のなかで喜びとなるのです。これを信心歓喜というのです。ケンカをしても大丈夫となりますと、自分も相手も、どんな言動であっても、あるがままを必ず受けとめることができるようになります。これを無為自然というのです。

『歎異抄』の六章に、

自然のことわりにあいかなわば、仏恩をも知り、また師の恩をも知るべきなり。

とあります。私が、妻の「食べるの」の反応に腹を立て、不機嫌になったことは、私の思い上がった身勝手な業が因でありましたから、「食べるの」の一言が縁となって、腹立ちという結果を招きました。私の思いはどうあれ、「昼間私が自宅に居ることは邪魔で迷惑だ」という真実が、「食べるの」のことばとなって私に届けられたのです。その真実が縁となって、私の業が、腹立ちという結果を示したのです。私の業によって、起こるべくして起きた結果であったとうなずけたとき、如来さまの願力自然が私に業道自然を自覚させてくれます。自覚してみますと、私の腹立ちの対象であった妻に対して、「また、自分の身勝手を気がつかせてくれたなあ」「昼は、ちょっと横着な態度ですまなかったなあ」という思いが、わいてきます。そうしますと、これまた腹立ちの対象であったコンビニ弁当が、「忙しい中をコンビニまで買いに行ってくれたのか。迷惑かけたなあ」と、あるがままを受け入れるように、変化していくのです。これが、無為自然ということです。

こうした腹立ちという出来事を通して、お陰さまという真実に気がつかせていただいているのです。とても、こうしたはからいは、人間の心がけでできることではありません。自然のことわりにあいかなうということは、縁となって届けられる真実によって、自分の心に気がつき、自己のあるがままを受容できることをいうのです。『正信偈』の「光明名号、因縁を顕わす（光明名号顕因縁）」は、名号となって届くご本願が因となり、その方便である光明が縁となって私たちに届いているということです。自分の心がけで気がつけることではなく、因であるご本願が、光明という縁となって用きかけてくださるから、自然の道理なのです。そうしますと、自分の力でなかった、導かれて気がつかせていただいたのだとうなずけるのです。

自分の力では気がつきようのないことを、自分の業があることによって気がつかせていただいています。まさに自力無功なのです。自然のことわりは、下図のように表すことができるのではないでしょうか。

如来さまのすくい

如来さまの「十方衆生　至心信楽　欲生我国」の「我が国に生まれんと欲《おも》え」というご本願は、すべての人に届いています。その願いに気がつけるかどうかは、私たち一人ひとりの自覚しだいなのです。ご本願は、すべての人間に、「自分が人間に生まれ、今、人間を生きている意義と喜びを見つけてください」と、呼びかけてくださいます。いかなる人も同じように、それを見つけられると願い続けてくださっています。『正信偈』の中に、

摂取の心光、常に照護したまう。すでによく無明の闇《あん》を破すといえども、貪愛《とんない》・瞋憎《しんぞう》の雲霧、常に真実の天に覆《おお》えり。たとえば、日光の雲霧

因〔名号〕	縁〔光明〕	果	
思い優先の本性…「食べるの」…	腹立ち		**業道自然**
ご本願　…	腹立ち　…	自　覚	**願力自然**
	(無条件の受容)		
ご本願　…	自　覚　…	自己受容	**無為自然**
	(無条件の受容)		

に覆われるども、雲霧の下、明らかにして闇《くら》きことなきがごとし。

（摂取心光常照護　已能雖破無明闇　貪愛瞋憎之雲霧　常覆真実信心天
　譬如日光覆雲霧　雲霧之下明無闇）

の一文があります。

如来さまのご本願は、すべての人に届いているのですが、届けられる人間の心には、貪《むさぼ》りや腹立ちの本性が消えずに渦巻いているのです。これら貪りや腹立ちの本性が消えていなくても、その本性のままに届けてくださって、間違いなく届いているということです。それは、昼間の太陽の日差しは、どんなに曇っていても、雲の下を明るくしているから、太陽の日差しが届いていることが証明されているのと同じであるということです。親鸞聖人は、譬えをまじえて、このように如来さまの用きを説明しておられます。

私たちは、いつでもどこでも、私たちに届いている、「聞其名号、信心歓喜」の願いのごとく、今の自分が生きていてよかったと実感できるのです。しかしながら、厚己諍利《こうこじょうり》、当時快意《とうじけい》の私たちは、目をつむるがごとくして、その明かりを見えなくしているのです。その私たちに対して、如来さまは、その目を開かせて、歓喜できる自己を見えるようにしてくださっているのです。真実の利をもって用きかけ、苦と感じる私たちが、その苦によって、自らが目をつむっていたことに気がつかせてくださっているのです。「目をあければ、自分の居場所と役割が見えるよ」と呼びかけてくださっているのです。

私たちは、阿弥陀如来をご本尊として拝みます。本当に尊いこととしてご本尊を拝むということは、「私の思い、私が用意した条件を充たすことが幸せというところでは、絶対にすくわれない」と気がつけたということなのです。真実の利をもって、私にその自覚を促してくださる如来という用きがあるのです。この自覚に示される開かれたこころの世界が「諸有衆生、聞其名号、信心歓喜」なのです。「十方衆生、至心信楽、欲生我国」という阿弥陀如来のご本願が、私たちに届いていることを自覚できたときに、いかなる状態であっても自分の居場所と役割を実感して、歓喜できるということが、真宗の信心です。

先に届く如来さまのすくい

私たちが如来さまに拯われるとか、たすかるということは、私たちの行いや心がけのご褒美としていただくことではないのです。私たちは、自分という人間に生まれた瞬間に拯われ、たすかっているのです。私たちが気がつく前から、先に拯われているのです。誰とも同じでない私が、人と比較する必要もなく、私として生きていけるご本願が、縁となって届けられています。私の思い通りではない縁となって、届いています。その真実に、私たちは、厚己諍利《こうこじょうり》、当時快意《とうじけい》の心があるから気づけないのです。ヨウコさんのようにパニック発作など、真実の利を届けることによって、その真実に気づかせていただくのです。

先日、私の知らない宅配便がわが家に届きました。妻が、テレビで楽に手抜きして掃除ができる道具を見つけて、購入したものが届いたのです。購入といいましても、商品が届いて、実際に使って納得してから、料金を払い込むシステムだそうです。このシステムは、私たちに対する如来さまの拯いとよく似ていると思います。先に、如来さまの拯いは届いているのです。私たちが先に行動や心がけを示して、その結果のご褒美によって拯われる訳ではないのです。私たちは、今、ここに居るということが、すでに如来さまによって拯われているという証拠なのです。そのことに気がつけない私たちが、如来さまのはからいを受けて、そのことに気がつかせていただくことが、私たちの人生の目標であるともいえるのです。

親鸞一人がためなりけり

阿弥陀如来のご本願は、私たちに真実の利をもって届きます。何度も申しましたように、自分可愛く得することしか考えられない厚己《こうこ》諍利《じょうり》の私たちは、それを苦と感じます。それがすぐに如来の大悲と気がつける訳ではありません。それどころか最初は、思い通りに事態が動いて、苦の解消を求めることがほとんどです。その私たちを阿弥陀如来は、けっして見放してはおられないのです。「真実の利の願いに気がつかず、届いた真実を苦と感じているのが、今のあるがままのあなたですね」と、受容し許し、はからい続けてくださるのです。親鸞聖人は、その実感を「弥陀の五劫思惟の願をよくよく案ずれば、ひとえに親鸞一人がためなりけり」と表明されたのではないでしょうか。

親鸞聖人は、「私は、如来様にいつも許されている。いつも受け止められている」と確信されたから、醜い凡夫としての自己とあるがままに向き合い続けて、生き抜かれたのではないでしょうか。

悲しきかな、愚禿鸞、愛欲の広海に沈没し、名利の太山に迷惑して、定聚《じょうじゅ》の数に入ることを喜ばず。(『教行信証』「信巻」)

と、堂々と自信を持って、不完全な自分を私たちに示しておられます。阿弥陀如来に受け止められているという絶対安心があったからです。私たちは、無条件に受容されていると気がついて、苦と感じていた真実の利を見つめるとき、この苦こそ如来の大悲であったと、感動をもって気がつくことができるのです。阿弥陀如来に許され、受容されているという確信があるから、苦と向き合う強さと勇気が湧いてきます。自分をあるがままに見つめ、洞察し、認知的不協和で目を背けていたあるがままの自分を自覚できるようになるのです。「自分は厚己諍利《こうこじょうり》、当時快意《とうじけい》だから真実が見えず当てにならないけれど、阿弥陀如来という用きに受容されているから大丈夫だ」という自覚と確信が芽生えるのです。この自覚と確信を親鸞聖人は、法の深信と表明されました。私たちを受容する用きは、阿弥陀如来の智慧なのです。この智慧によって、直面している苦こそが、如来の大悲であったと気がつき機の深信が生まれるのです。ですから、阿弥陀如来の大悲と智慧、機の深信と法の深信は、私たちにとっては一体のことなのです。

阿弥陀如来という用きは、私たち真宗門徒以外のすべての人にも届いています。そのなかで、届けられた真実の利を通して阿弥陀如来のご本願に気がつき、自己のあるがままを自覚できる人が真宗門徒なのです。厚己諍利《こうこじょうり》、当時快意《とうじけい》のこころを自覚できることが真宗門徒の証明なのです。

自分の思いが潰れ、この上ない辛い苦と直面したときに、時間をかけて苦の意味に気づき、自己の心こそ厚己諍利《こうこじょうり》、当時快意《とうじけい》であったと気がつける歩みが生じるのではないでしょうか。この時こそ、私たちの身の上に阿弥陀如来の智慧と大悲が成就するのです。そのことに気がつけるのが真宗門徒なのです。私たちは、無条件に受容されている自分であると思えるから、自分のこころを静かに洞察することができます。そして、これからの自分自身の生き方を見渡せるようになるのです。

祖母の南無阿弥陀仏

ご門徒の家へお参りに行きますと、老若男女を問わずほとんどの方が、「寝たきりになったらおしまいだから、寝たきりにならないように健康には気をつけないといけない」と言われます。寝たきりにならなければ、その方はいいのかも知れませんが、ほとんどの方は、時間の差こそあれ、人生の終盤は、そのおしまいの寝たきりになられるのではないでしょうか。若くて元気なうちから脳血管障害や事故で寝たきりになられる方もあるかもしれません。寝たきりになったら、本当におしまいなのでしょうか。だとしたら、寝たきりという不安・恐怖を抱えて生きていくしかないことになります。誰もが、寝たきりにならないという保証はありませんが、如来さまのご本願が届いていると自覚できますと、寝たきりなってもおしまいではない生き方が開けてきます。寝たきりでない人生にこしたことはありませんが、寝たきりになっても、堂々と生きていける人生があるのです。けっしておしまいではありません。

私の祖母は、私が十六歳の時に七十二歳で亡くなりました。十六年間同じ家で暮らしていたのですが、祖母が歩いていた姿を見た記憶がありません。私が三歳の時に脳溢血で倒れ、十三年間寝たきりでお浄土へ還ったからです。私は、この寝たきりだった祖母との生活からは、寝たきりはおしまいとは、どうしても思えないのです。

私は子どものころ、よく親に叱られました。凄い剣幕で叱られても、私は平気でいられた記憶があります。なぜなら、私には、絶対安心大丈夫の部屋があったからです。それは、祖母が寝ている庫裡の座敷でした。四六時中、年中無休の寝たきりですから、いつでもそこには、祖母が寝ていましたから、そこへ逃げ込めば、親はそれ以上私を大声あげて叱ることはできませんでした。私にとって、寝たきりである祖母が、そのままで存在価値があったのです。

また私は、よく風邪をひいて発熱しました。当時は、近くに診療所があって、お医者さんが往診してくれました。診察して注射した後に、「今の注射ですぐ汗が出て、熱は下がるけれども、まだ喉は赤いから寝ていないとダメだよ」と言われたものです。ところが熱が下がると、寝ていられないのです。テレビのナイター中継があると、当時は居間にしかテレビがありませんでしたから、起きてナイターを親の目を盗んで見ていました。すると、それを見つけた母親から、「熱が下がっても寝ていないとダメだと、先生が言われたやろ。情けないなあ、お前は二日しか寝ておられないのか。お祖母ちゃん見てみい、十年も寝てござるんやよ」と言われた時には、「お祖母ちゃんは凄い」と思った記憶が、今も鮮明に残っています。

いつでも祖母が寝ていた座敷の廊下のガラス戸は、鍵がかかっていませんでした。近所の人や近くのお寺の坊守さんが、よく訪ねてきては長喋りしていかれました。また、私たちも買い物してきた物やいただいた物は、お内仏にお供えして、必ず祖母に見せる習慣が、いつのまにかできていました。

祖母が亡くなって十年ほど経て、布団の上で不自由になった右手を抱えて、にっこりほほえんでいる一枚の写真が出てきました。その裏には、今にも消えそうな薄い字で、ふるえた筆跡で次のうたが書いてありました。

勤行に　心さわやか　南無阿弥陀仏　カメラに向かう　今朝のうれしさ

そして、その後には、おそらく当時元気だった祖父が書いたのでしょう、「満六十歳の誕生日の朝の写真」と記してありました。脳溢血で倒れて、一年九か月ほど経たときの歌です。右利きだった祖母が、右半身不随になって、左手で字を書く稽古をしている時に、書き残したものでした。わたしの記憶のなかでは、いつでも祖母はニコニコしていました。

私は、小学校の頃、祖母に、

「お祖母ちゃん、寝たきりではつまらんやろ。なんでそんなにいつもニコニコできるの」

と尋ねたことがあります。すると祖母は、

「五十九歳までは、うちの寺を私がやり繰りしていたから、倒れてしばらくは、悔しくてみじめで、泣けて泣けて仕方なかった。でも、泣いてもどうにもならないことがわかってからは、なるようになると思って、心が軽くなってなあ」

と言いました。そして、

「心が軽くなったら、何にもできないのではなくて、自分でしなくても何でもやってもらえると思えたの。寝ているだけで、ご飯も食べさせてもらえる。誰かがお話に来てくれる。買ってきた物を見せてもらえる。自分の力で生きているんじゃない。人はみんな、それぞれに生かされていると気がついたの」

と言いました。

あたかも、寝たきりにならなかったら、自分の力を過信して、一人で生きているとしか思えなかったのに、寝たきりになったから、一人では生きられないことに気がつけたと言わんばかりでした。けっして強がりではなく、一人ではどうにも生きられなくなって、朝のお勤めを済ませてさわやかさを感じられたのだと思います。カメラに向かって座っておられる自分が、心底うれしく感じられたのだと思います。「あれも、これもできなくなったのではなく、まだ、あれもできる。これもできる」「寝たきりになっても、今までと同じように生かされている」という境地だったのだと思います。まさに信心歓喜だったのです。

私たちは、自分の思いが充足されなければさわやかにはなれないし、うれしくもないと思われますが、そうではなかったのです。どんな状態、姿であろうとも、生かされていることは皆同じですし、生きている意義と喜びはあるのです。阿弥陀如来は、「十方衆生、至心信楽、欲生我国」のご本願をもって、すべての人間をこの世に生み出し、生かさしめてくださいます。その用きによって、私たちは、「諸有衆生、聞其名号、信心歓喜」なのです。阿弥陀如来は、「すべての人間が、自分に生まれ自分を生きている意義と喜びに包まれる」ご本願をたててくださっています。そのご本願によって、すべての人間が、自分が今、生きているあるがままに歓喜できるということが、浄土真宗なのです。祖母は、寝たきりのいのちをいただいて、この本願念仏の「み教え」を私に、身をもって証明してくれたのではないでしょうか。

寝たきりになったらおしまいではないのです。おしまいだと思う私たちの心があるのです。そのことに気がつかせてもらうと、どんな状態・姿であっても、願われているこの私として、生かされている今の自分があったことに、頭がさがるのです。この私にとって都合のいいことを願い、都合のわるいことを遠ざけようとする思いが、歓喜する心を封じ込めていたと気がつけるのです。そのことに気がつかせていただくには、どれだけの涙を流さなければならないことでしょうか。この涙は、如来さまのご本願からいただく涙なのです。

阿弥陀如来と共に生きる――アミタクラシー

人間の本性が生み出す世界は「メリトクラシー」であると前述しました。私たち人間の本性に基づいて、いのちの軽重を計ろうとするメリトクラシーは悲しいことではありますが、人間の社会では消すことはできないのです。これに対して、阿弥陀如来という用きによって、すべてがあるがままに平等に受容され、いのちの計量を許さない「アミタクラシー」という世界を提唱されている方がおられます。その方は、浄土真宗本願寺派のご門徒で、広島大学の名誉教授　松田正典先生です。物理学の先生ですが、自然科学の領域の専門家が、私たちに確約されている精神文化の世界を説いてくださる思考の柔軟さに頭がさがります。

自分の都合を優先して、優勝劣敗のメリトクラシーの世界しか生きられない私たちだから、阿弥陀如来の方から真実の利をもって、私たちを拯おうとしてくださる世界が存在するといわれます。その世界をアミタクラシーと提唱され、その世界は、如来さまによって確約されているということなのです。

役に立つか立たないかではなく、優か劣かではなく、勝ちか負けかではなく、すべての人が平等に存在でき、互いの差異を認め合い尊重できる社会が確約されているのです。しかしながら、人間の思い充足を優先する本性と厚己諍利《こうこじょうり》、当時快意《とうじけい》の顚倒の生き方に人間が固執し、獲得した科学に便乗することによって、アミタクラシーの顕現が遅延する現代であることを、地球規模で自覚する必要があるのではないでしょうか。

私たちが先人から受け継いだこの「み教え」を、次の世代へ受け渡していくこともこれからの私たちの大事な使命であります。娑婆の縁が尽きるまで生ききっていただき、次の世代の方々と共に真宗の「み教え」を聞くことを通して、「私たちは、自分の本性から厚《こう》己諍利《こじょうり》、当時快意《とうじけい》に生き、メリトクラシーの世界しかつくれないから、阿弥陀如来がその危なさに気づかせ、あるがままに存在するいのちの世界を回復させてくださる。だから、私たちは、阿弥陀如来によって無条件に受容されて存在している。それが私たちのかけがえのないいのちである」ということを、次世代に伝えることが私たちの責務なのです。

自分の思いが充たされたら幸せということは、お月様が飛行機にくっついて飛んでいるように見えるみたいなことです。私にはそう思えるけれども、「それは、真実ではないですよ」と、知らされる歩みが人生なのではありませんか。阿弥陀如来から照らされている自分自身を自覚できたときに、私たちは「アミタクラシー」の生き方、無条件に受容されている自分として、いかなる状況であっても、自信をもって生きていけるのではないでしょうか。

あとがき

二〇一〇年八月、南米チリのサンホセ鉱山の地下で落盤事故が発生し、三十三名が地下に取り残されました。地下七百メートルに退避用のシェルターがあって、そこに全員が無事避難していることがわかったのは、事故から十七日後でした。この奇跡に世界中が色めき立ちました。その後、様々な心理的支援がされる一方で、現代工学の粋を集めて救出の手立てが講じられ、十月十三日、事故から六十九日後に三十三名全員が無事救出されました。おそらく、このニュースに世界中の人々が元気・勇気・感動を感じられたのではないでしょうか。

では、なぜ、私たちは、地球の反対側の国の赤の他人が救出されて、嬉しく元気を感じて感動したのでしょうか。一方では、赤の他人が生きていてくれただけであれほど感動したのに、どうして、自分や家族が生きているだけでは感動できないのでしょうか。私は、あの時の感動は、釈尊が『仏説無量寿経』に「諸有衆生、聞其名号、信心歓喜」と説かれたように、信心を得たときの歓喜・感動と同じであったと思えてなりません。確かに、生きている歓喜と感動は、いつでも私たちに届いているのです。ですから、損得がまったく関係しない赤の他人には、ただ生きていてくださるだけで無条件に歓喜できたのです。ところが、自分自身のことには、私たちは、「あーなったらいいな。こうなったらいいな。ああはなりたくないな」と、条件をいっぱいつけて生きています。これが生きがいでもあるのですが、この条件を充たすことに縛られますから、喜び感動できるはずの自分を生きていても、それだけでは、無条件に喜びとして感動できないのです。

多くの方とカウンセリングの場で出会い、その方々が、何も状況が変わらないのに、自分の生活や存在に自信と確信をもって、新たな歩みを始められる姿にふれて、人間を生きる意義と喜びの本質に気づかせていただきました。何かが変わるわけではないのです。見えなかったことが見えてきたのです。あるがままに生きていける自分が、見えてきたのです。その歩みは、真宗門徒の私たちが、生活のなかで多くの苦悩にぶつかりながら、自分の思いに縛られていたと気がつかせていただき、いかなる状況であっても、自分の居場所と役割をいただいて生きていける歩みと重なっていると思います。

今、私にとって、カウンセリングは、あるがままに生きる意義と喜びを具体的に教えてくれる真宗そのものなのです。

編輯にあたって、法藏館の和田真雄氏、秋月俊也氏のお世話になりました。衷心より御礼申し上げます。

二〇一一年二月

譲　西賢

譲　西賢（ゆずり　さいけん）

1953年岐阜県に生まれる。1975年名古屋大学教育学部教育心理学科卒業。1981年名古屋大学大学院教育学研究科教育心理学専攻博士課程後期課程満了。
現在、真宗大谷派慶円寺住職
真宗大谷派真宗本廟教化教導
岐阜聖徳学園大学教育学部教授
岐阜聖徳学園大学仏教文化研究所所長
臨床心理士・学校心理士
著書『自分の「心」に気づくとき―カウンセリングの対話から―』『神も仏も同じ心で拝みますか』（いずれも法藏館）など。

今、ここに生きる歓び

二〇一一年五月二〇日　初版第一刷発行

著　者　譲　西賢
発行者　西村明高
発行所　株式会社　法藏館
京都市下京区正面通烏丸東入
郵便番号　六〇〇―八一五三
電話　〇七五―三四三―〇〇三〇（編集）
〇七五―三四三―五六五六（営業）

印刷　リコーアート　製本　清水製本所

ISBN 978-4-8318-9027-6 C0015